山东省社科理论重点研究基地『孔子研究院中外文明交流互鉴研究基地』成果

尼山丛书·国学经典音注

《孟子》正音释读

刘续兵 总主编

房伟 编注

山东教育出版社
·济南·

图书在版编目（CIP）数据

《孟子》正音释读 / 房伟编注 . —济南：山东教育出版社，
2023. 9（2024.1重印）

（尼山丛书·国学经典音注 / 刘续兵总主编）

ISBN 978-7-5701-2687-3

Ⅰ.①孟… Ⅱ.①房… Ⅲ.①《孟子》-青少年读物
Ⅳ.①B222.5-49

中国国家版本馆CIP数据核字（2023）第175928号

NISHAN CONGSHU · GUOXUE JINGDIAN YINZHU
《MENGZI》ZHENGYIN SHIDU

尼山丛书·国学经典音注   刘续兵　总主编

《孟子》正音释读   房 伟 编 注

主管单位：山东出版传媒股份有限公司

出版发行：山东教育出版社

地址：济南市市中区二环南路 2066 号 4 区 1 号　　邮编：250003

电话：（0531）82092660　　网址：www.sjs.com.cn

印　　刷：山东临沂新华印刷物流集团有限责任公司

版　　次：2023 年 9 月第 1 版

印　　次：2024 年 1 月第 2 次印刷

开　　本：710 毫米 ×1000 毫米　1/16

印　　张：21

字　　数：315 千

定　　价：82.00 元

（如印装质量有问题，请与印刷厂联系调换）印厂电话：0539-2925659

总 序

在五千多年的发展演变中，中华文明形成了自己的突出特性。第一个特性，就是其突出的连续性。

孔子整理"六经"，自称"述而不作"，全面继承了以前两千五百多年的文明成果，这就是所谓的"先孔子而圣者，非孔子无以明"；同时，孔子又以极大的魄力、高深的学识以及在当时条件下对文献资料尽可能丰富的掌握，"以述为作"而又"寓作于述"，使得以"六经"为代表的典籍整理和传承成果，成为以后两千五百多年中华智慧的源泉，这就是所谓的"后孔子而圣者，非孔子无以法"。中华文明的这种连续性，也因经典的生成而具有了无可替代的神圣性。

对"六经"的整理和删定，其实就是孔子的"创造性转化、创新性发展"，这又成为中华文明创新性的最好注脚。实际上，中华文明的所有突出特性，包括统一性、包容性、和平性，既体现在中华民族几千年来的民生日用中，更体现在中华文化核心经典的流传中。

如果说经典的研究离不开学者们在书斋里创作的"高头讲章"，那么文化的传播则需要适应青少年需求、面向更广大国学爱好者群体的"国风"作品。因此，尼山世界儒学中心（中国孔子基金会秘书处）推出了这套国学经典正音释读丛书，力争以"两创"方针为指导，努力推动中华经典进学校、进课程、进头脑，在广大青少年学生的精神世界落地生根。我们这项工作，其实就是接续先贤经注传统、推动文化落地普及的无数探索中的小小一部分。

丛书力图结合青少年可塑性强的特点，以经典中所凝聚的文化精髓，涵养其精神世界。坚持选取"经典中的经典、精华中的精华"原则，编写、出版校勘精良、读音标准、注释准确，以"大字、注释、注音、诵读"为特色的读本，促使国学经典走进青少年和广大国学爱好者的心灵，让更多人爱上传统文化，增强文化自信和民族自豪感。

丛书分别为《大学》《中庸》《论语》《孟子》《诗经》《道德经》等六部经典正音释读，这六部经典是中华文化最重要、最具有基础性意义的典籍。孔子研究院受山东省委宣传部、尼山世界儒学中心（中国孔子基金会秘书处）的委托，组织精干学术力量开展课题研究，确定了如下编写风格：

一、导言为领。每部作品都以"导言"来提纲挈领。如《大学》对于"大学"与"小学"、"大学"与"大人"、《大学》与曾子、《大学》与道统、《大学》与朱子等核心问题的分析，《中庸》对于其作者、流传、结构、思想的介绍，《论语》对于其书名的由来、编纂者、成书时间、流传版本的阐释，《孟子》对于其成书过程、主要思想、推荐读法等问题的思考，《诗经》对于其"源"与"流"、"诗"与"诗三百"、孔子与"诗三百"、"诗三百"与《诗经》、《诗经》与中华文化的关系等内容的梳理，《道德经》对于其研究现状、核心概念、政治哲学、生命哲学及其对后世影响的解读，都努力把握要点，向读者讲清楚这些经典的框架、价值及其在中华文化中的地位。

二、章旨为引。为方便读者更好地理解内容，每部经典的篇章都通过"章旨"的形式进行引导解说，综述篇章大义，阐明相关章节在逻辑、义理上的内在联系，以满足广大读者诵读经典的学习需求，并引出与读者对话的主题，帮助提高阅读效率。读者结合"章旨"阅读正文，可见全书结构的纵横条理。

三、正文为经，注释为纬。《大学》《中庸》《论语》《孟子》采用朱子的《四书章句集注》为底本；《诗经》以《十三经注疏》中的《毛诗正义》为底本，并参照"三家诗"对其中的个别字词进行了修订；《道德经》采用王弼注本为底本，也适当地以河上公本、马王堆帛书本、郭店竹简本与北大汉简本等为参校。改订之处均于注释中做出说明。其中的难字、难词，有针对性地进行了注释，力求精练、准确、易懂。某些字词有多种解释时，除选择编者认可的注释外，也适当提供其他说法，供读者参考，以便留有思索的空间。为使读者更好地了解经典的原貌，在繁简字转化时保留了部分常用的古汉语字词，其中有些不常用的生僻字词也依据底本予以保留，力求做到文本的准确无误。

四、注音为辅。注音以音义俱佳、不失考据为原则，并兼顾现代汉语的读音规则。凡有分歧之处，根据文义，汲取历史上注疏经典的经验做法，尤其是参考和借鉴朱子《四书章句集注》正音读、重释义的注解做法，将每个字的读音标注清楚，以便帮助读者理解字义。对一字多音、不好确定的字，查找权威资料，结合现代读音，反复推敲，以确定最佳读音。

　　编写过程中，参考了古今学者大量研究成果，以参考文献的方式择要列于书后。受人之泽，不敢隐人之美，特此深致谢忱。

　　书中肯定有不当之处，恳请读者不吝批评指正。

刘续兵

2023 年 8 月

目 录

导　言

　　孟子，名轲，战国时期邹国人（今山东省邹城市）。孟子的生卒，史籍无明确记载，学者们多认为，孟子大约晚于孔子百年，生于公元前 372 年，卒于公元前 289 年。作为充满济世情怀的思想家和践行者，孟子一生致力于推行仁政，他对儒家义理进行了多层面、多角度的新阐发，不仅使儒家学派有效地抵制了杨、墨等学派的挤压与侵蚀，更极大地充实了儒家思想的学理与内涵。在孟庙的"棂星门"东西两侧门坊上分别题写有"继往圣""开来学"，这非常准确地概括了孟子在中国文化史上的地位。孟子的这些努力，使他无可争议地成为先秦儒学发展的又一高峰，被后人尊为"亚圣"。

一、《孟子》的成书过程

　　孟子的一生历经坎坷，四十岁之前设教讲学，此后游历诸侯，大约六十岁后归老著书，他的思想集中体现在《孟子》一书中。《孟子》主要记录了孟子游说诸侯及与时人、弟子的问答，是孟子晚年时与弟子万章等人共同编订而成（依据《史记·孟轲列传》中的说法）。《孟子》全书共 260 章（依据《孟子集注》

统计，另据《孟子注疏》《孟子正义》统计为 261 章，这是由于二者将《尽心上》第 36 章分为两章），各章依据一个相对松散的主题编排成篇，共计七篇，包括《梁惠王》《公孙丑》《滕文公》《离娄》《万章》《告子》《尽心》。今天我们所见各篇往往是分为上、下两部分的，这肇始于东汉赵岐。赵氏认为《孟子》一书"闳远微妙，缊奥难见"，应该加以整理注疏，"于是述己所闻，证以经传，为之章句，具载本文，章别其指，分为上下，凡十四卷"（赵岐《孟子题辞》）。所谓"具载本文"，即附在正文之下随文注释，其所著《孟子章句》便是目前可见的最早的《孟子》注本。

对于《孟子》的篇数，东汉人应劭在《风俗通·穷通篇》中说有 11 篇，班固的《汉书·艺文志》也说"《孟子》十一篇"。对此，赵岐认为《孟子》有《外书》四篇，包括《性善》《辩文》《说孝经》及《为政》，所谓"《孟子》十一篇"正是在七篇的基础上再加上《外书》四篇而来。不过，赵岐对《外书》四篇有所怀疑，认为"其文不能宏深，不与内篇相似，似非孟子本真，后世依放而托之者也"（《孟子题辞》）。

《孟子》各篇的篇题虽然只是摘取篇首的两三字而为之，不过各篇之间还是具有一定的关联的。赵岐意识到了这种内在联系，他在《孟子篇叙》中进行了详细的解读："孟子以为圣王之盛，惟有尧、舜。尧、舜之道，仁义为上，故以梁惠王问利国对以仁义为首篇也。仁义根心，然后可以大行其政，故次之以公孙丑问管、晏之政答以曾西之所羞也。政莫美于反古之道，滕文公乐反古，故次以文公为世子，始有从善思礼之心也。奉礼之谓明，明莫甚于离娄，故次以离娄之明也。明者当明其行，行莫大于孝，故次以万章问舜往于田号泣也。孝道之本，在于情性，故次以告子论情性也。情性在内而主于心，故次以尽心也。尽己之心，与天道通，道之极者也，是以终于尽心也。"在赵岐看来，《孟子》篇题的设置、各篇间的先后顺序具有内在逻辑性，绝非杂乱地垒砌。杨海文教授则更关注《孟子》各篇名的意义，他在《我善养吾浩然之气——孟子的世界》一书中，将这七个篇名与《孟子》一以贯之的基本精神相结合，形成了一种既在情理之中又在意料之外的"组合效应"："《孟子》率领弟子《公孙丑》《万章》，一面劝说《梁惠王》《滕文公》实施王道，一面对话《告子》辨析人性。孟门师生太《尽心》了，他们多么期望《离娄》之明能够普照这个世界上所有的人。"

　　《孟子》一书可能在战国时期就已成型，并在社会上流传。《韩非子·显学》称，孔子之后"儒分为八"，"孟氏之儒"是其中一派，说明当时在孔门内部有一定影响力。但秦汉以降至两宋前，《孟子》的地位一直不高，仅被当作一般的子书看待。值得一提的是，汉文帝时曾设立"《孟子》博士"一职，将《孟子》立于学官，负责《孟子》的学习与传授，但持续时间不长。唐代时，《孟子》的地位虽有所提高，但仍未有根本改观。比如，唐代科举考试时设有"明经"科，其内容包括《周礼》《仪礼》《礼记》《左传》《公羊传》《穀梁传》《周易》《尚书》《毛诗》"九经"，《论语》《孝经》被列为"兼经"，但《孟子》一书并未在其中。甚至到唐文宗时，《开成石经》镌刻完成，这是在"九经"基础上，又加入了《论语》《孝经》《尔雅》三部，共12部经典，但其中仍未有《孟子》。可见，《孟子》一书在当时并未得到广泛认可。

　　由于社会思想发展的演进以及儒学自身形态的变化，唐中期以来，孟子的地位得到不断抬升。唐代韩愈"兴儒学，辟佛老"，首倡"道统"说，将孟子置于儒家道统传承的关键环节，这使得孟子开始成为正统儒学的代表。北宋时，孙复、石介、范仲淹、欧阳修、王安石、程颢、程颐等都推崇孟子。程颐说："孟子有功于圣门不可言。如仲尼只说一个仁，孟子开口便说仁义；仲尼只说一个志，孟子便说许多养气出来。只此二字，其功甚多。"（《河南程氏遗书》卷十八）熙宁四年（1071年）二月，《孟子》首次被列入科举考试的科目之中。宋徽宗宣和五年（1123年），蜀守席贡奏请刻石《孟子》，并会同运判彭慥办理入石事宜，《孟子》成为"石室十三经"之一。至南宋，朱熹穷一生之力为《大学》《中庸》《论语》《孟子》作注，《孟子》一书也随"四书"的广泛传播而更加受到重视，在中国传统社会后期产生了巨大而深远影响。

　　宋代以来，较为经典的《孟子》版本有四个：一是东汉赵岐注、北宋孙奭疏《孟子》，后被收入《十三经注疏》；二是南宋朱熹的《孟子集注》，是《四书章句集注》之一；三是清代焦循的《孟子正义》；四是今人杨伯峻的《孟子译注》。以上是我们日常研读《孟子》必不可少的参考用书。

二、《孟子》的主要内容

　　贯穿《孟子》全书的核心理念是"仁义"。当"仁义"体现在为人之道上时，孟子言："仁，人之安宅也；义，人之正路也"（《孟子·离娄上》），"居仁由义，大人之事备矣"（《孟子·尽心上》）。孟子认为，"仁"是立身的根本，"义"是行事的准则，居仁由义，才能成为君子。这种"大丈夫"人格的养成，需要一种"浩然之气"作为内在的精神支撑。所谓"浩然正气"，是指一种无声无形、广大刚强的精神状态。这种"浩然之气"并非与生俱来的，而是人在本有的善性的基础上，经过对义与道的正确体认和把握，并持之以恒地调养，精心认真地培育，最终造就出的凛然于天地间、至大至刚的正气。

对于涵养"浩然之气"的方法，首先要"直养而无害"（《孟子·公孙丑上》），意即应当让自己的浩然之气自然而然地、顺直地生发出来，而不要人为地去遏止它、干涉它；其次要"配义与道"（《孟子·公孙丑上》），也就是说在涵养过程中要采取必要的道德修养工夫。"浩然之气"的养成是平时一点一滴善行的日积月累，而不是受外在影响偶然间做出的举动。用今天的话讲就是，一个人做点好事并不难，难的是一辈子做好事。

培养"大丈夫"人格除了内在主观方面修养"浩然之气"，还必须经受外在客观方面长期而艰苦的磨炼。孟子说："天将降大任于是人也，必先苦其心志，劳其筋骨，饿其体肤，空乏其身，行拂乱其所为，所以动心忍性，曾益其所不能。"（《孟子·告子下》）只有经受失败、挫折的考验才能培养出"动心忍性"的坚韧意志，才能增加卓越的非同寻常的能力。一个人只有经过内在严格的道德修养与外在艰难困苦的砥砺，身心内外都得到磨炼，才能成就"大丈夫"人格。

"仁义"精神落实于为政之道，就表现为孟子主张的施仁政、行王道。孟子说："人皆有不忍人之心。先王有不忍人之心，斯有不忍人之政矣。以不忍人之心行不忍人之政，治天下可运之掌上。"（《孟子·公孙丑上》）"不忍人之心"就是每个人都有怜悯体恤别人的心理，即仁心；"不忍人之政"就是不忍心伤害百姓的政策，即仁政。孟子推崇尧、舜、禹、汤、文、武诸位先王，认为只有效法先王，"行不忍人之政"，才会真正的平治天下。仁政的本质在于以民为本，贵民、爱民、利民。孟子继承和发展了古代的"民本"思想，并总结历代为政、治国经验，提出了遵循王道、民贵君轻、重义轻利的主张，这就把中国古代的"民本"思想发展到了一个新的高度。

对于如何施行仁政，孟子也有一系列具体措施。首先，"制民之产"（《孟子·梁惠王上》），满足百姓生存所必需的衣、食、住、行等条件。在孟子看来，"制民之产"是施行仁政的根本，百姓如果没有稳定的产业收入，无法维持自身的生存，就会为了维持生计而背离道德。因此，执政者必须首先为百姓创造、提供必要的产业，使其生产所得能够满足日常生活的需要。孟子将"制民之产"视为执政者推行道德教化的物质保障和前提，这是对孔子"富而后教"思想的重要发展。其次，"取民有制"（《孟子·滕文公上》），轻税薄敛。孟子主张对百姓征收赋税时要有明确的规定，对农业税的征收，主张实行劳役税的"助"法，反对实物税的"贡"法。对农业税的税率，他认为"什一而税"和耕者"九一而助"比较合理。如果赋敛过重，便会侵害百姓利益。再次，尊贤重教，倡导"贵德而尊士，贤者在位，能者在职"（《孟子·公孙丑上》），"谨庠序之教，申之以孝悌之义"（《孟子·梁惠王上》）。孟子希望统治者能够广泛招揽人才，形成人才济济的局面。对于贤能之人的选拔，则要重视体察民意，同时注重从下层社会选拔人才，《孟子》中对于出身贫贱的舜、胶鬲、傅说等人都给予了高度的评价。教化是统治者施仁政、争得民心的重要条件。孟子重视学校在教化中的作用，提倡通过学校教育来宣讲孝悌的道理，用伦理道德来教导民众，使父子有情，君臣有义，夫妇有别，长幼有序，朋友之间有诚信。

孟子的"性善"论是其为人之道及仁政学说的理论基石。孟子以恻隐之心、羞恶之心、恭敬之心、是非之心"四心"与仁、义、礼、智"四德"为基础来建构其"性善论"，"四心"可以表现为具体的善行，由心善便可以肯定性善。在他看来，善性是天赋予的，"仁义礼智，非由外铄我也，我固有之也"（《孟子·告子上》），而且任何人在生活中都会有本心、良心的呈现，所以人皆有善性。但是这种善性仅仅是个发端，需要不断地扩充，因而人们要"养心""求放心"，保养自身本有的善心，找回丢失的善性。孟子道性善，本身并非在于对"性善"做客观的描述与分析，而是将"性善"看作人与禽兽的根本区别所在，开启了"内求诸己、扩充善端"的教化模式，为人们提供了"修己成圣"的法门。通过对人性的反省、自觉，人们能够按性善的要求修治自己，由此确立人生信念，安顿精神生命，最终实现整个社会的和谐稳定。

三、《孟子》的读法

"求观圣人之道，必自孟子始。"（韩愈：《送王埙秀才序》）《孟子》一书对中国文化的影响极为深刻，成为后世思想的源头活水，尤其是在涵养德性、培育气节等方面有着突出优势。孟子"富贵不能淫，贫贱不能移，威武不能屈"（《孟子·滕文公下》）的大丈夫精神、"舍生取义"的高贵人格，早已融入中华民族的血脉，成为民族精神的代表。北宋范仲淹"不以物喜，不以己悲"的博大胸襟和"先天下之忧而忧，后天下之乐而乐"的济世情怀，便是沿自孟子"乐以天下，忧以天下"（《孟子·梁惠王下》）的思想。所以，作为中国人，我们都应该认真读一读《孟子》。

梁启超先生在《如何读〈孟子〉》一文中说："读《论语》《孟子》一类书，当分两种目的：其一为修养受用，其一为学术的研究。为修养受用起见，《论语》如饭，最宜滋养；《孟子》如药，最宜破除及兴奋。"在指出了读《孟子》时最应关注其"砥砺廉隅""气象博大""意志坚强"，以及"修养下手工夫简易直捷"等四大"宜观"之处后，他还进一步说道："要之，《孟子》为修养最适当之书，于今日青年尤为相宜。"青少年时期是世界观、人生观和价值观养成的关键阶段，而中华优秀传统文化正是社会主义核心价值观所植根的肥沃土壤，因此，时常涵养于《论语》《孟子》等传统经典之中，对"三观"的养成无疑具有重要作用。

南宋朱熹在《童蒙须知》中提出读书当"三到"，即心到、眼到、口到。对于"读"，他非常重视："须要读得字字响亮，不可误一字，不可少一字，不可多一字，不可倒一字，不可牵强暗记，只是要多诵遍数，自然上口，久远不忘。古人云：读书千遍，其义自见。谓熟读，则不待解说，自晓其义也。"青少年朋友们，读《孟子》最宜逐字逐句大声诵读，注意断句和字音，进而疏通文意，虚心涵泳，深入体会，反复揣摩。当然，我们在读《孟子》时也不能脱离当时的历史环境抽象地看待其中所蕴含的思想，而应该结合孟子的生平经历，知晓具体情景，想象其精神气质与音容笑貌，这样才能做到"知人论世"，真正理解孟子，读懂《孟子》。

我们大多数人或许读了一生《孟子》也无法写出关于孟子的专著，但这并不妨碍我们有意识地将孟子之学问、孟子之精神融入为人处世之中。周敦颐言："圣人之道，入乎耳，存乎心，蕴之为德行，行之为事业。"朱熹亦言："为学之实，固在践履。苟徒知而不行，诚与不学无异。"与诸君共勉之！

房　伟
2023 年 4 月于曲阜

liáng huì wáng shàng

梁惠王上

　　本部分共七章。第一至第五章是孟子与梁惠王的对话，第六章为孟子与梁襄王的对话，末章为孟子与齐宣王的对话。主要围绕"仁政"这一主题展开，涉及"义利之辨""与民偕乐""仁者无敌""保民而王""恒产与恒心""制民之产"等重要议题，是理解孟子思想的重要篇章。

一 yī

孟子见梁惠王。王曰:"叟①!不远千里而来,亦将有以利吾国乎?"

孟子对曰:"王何必曰利?亦有仁义而已矣。王曰:'何以利吾国?'大夫曰:'何以利吾家?'士庶人曰:'何以利吾身?'上下交征利,而国危矣。万乘②之国弑其君者,必千乘之家③;千乘之国弑其君者,必百乘之家。万取千焉,千取百焉,不为不多矣。苟为后义而先利,不夺不餍④。未有仁而遗其亲者也,未有义而后其君者也。王亦曰

① 叟:老人,老者。② 乘:量词,兵车一辆称一乘。春秋战国时以兵车的多少来衡量国家的大小强弱,万乘之国为当时的大国。③ 家:卿大夫的封邑。④ 餍:满足。

rén yì ér yǐ yǐ hé bì yuē lì
仁义而已矣，何必曰利？"

èr
二

mèng zǐ jiàn liáng huì wáng　wáng lì yú zhǎo shàng　　gù
孟子见梁惠王。王立于沼上，顾①

hóng yàn mí lù　yuē　xián zhě yì lè cǐ hū
鸿雁麋鹿，曰："贤者亦乐此乎？"

mèng zǐ duì yuē　　xián zhě ér hòu lè cǐ　bù xián zhě
孟子对曰："贤者而后乐此，不贤者

suī yǒu cǐ　bú lè yě　shī　yún　jīng shǐ líng tái　jīng
虽有此，不乐也。《诗》云：'经始灵台，经

zhī yíng zhī　shù mín gōng zhī　bú rì chéng zhī　jīng shǐ wù
之营之，庶民攻之，不日成之。经始勿

jí　shù mín zǐ lái　wáng zài líng yòu　yōu lù yōu fú
亟，庶民子来。王在灵囿，麀鹿攸伏②，

yōu lù zhuó zhuó　bái niǎo hè hè　wáng zài líng zhǎo　wū
麀鹿濯濯③，白鸟鹤鹤④。王在灵沼，於

rèn yú yuè　wén wáng yǐ mín lì wéi tái wéi zhǎo　ér mín
牣鱼跃。'文王以民力为台为沼，而民

huān lè zhī　wèi qí tái yuē líng tái　wèi qí zhǎo yuē líng
欢乐之，谓其台曰灵台，谓其沼曰灵

①顾：看。②麀鹿攸伏：麀鹿，母鹿。攸，所。伏，安然不动。③濯濯：肥硕而有光泽的样子。④鹤鹤：羽毛洁白的样子。

zhǎo　lè　qí yǒu mí lù yú biē　gǔ zhī rén yǔ mín jiē
沼，乐 其 有 麋 鹿 鱼 鳖。古 之 人 与 民 偕

lè　gù néng lè yě　tāng shì　yuē　shì rì hé ①
乐，故 能 乐 也。《汤 誓》曰：'时 日 害①

sàng　yú jí rǔ ② xié wáng　mín yù yǔ zhī xié wáng
丧，予 及 女② 偕 亡。'民 欲 与 之 偕 亡，

suī yǒu tái chí niǎo shòu　qǐ néng dú lè zāi
虽 有 台 池 鸟 兽，岂 能 独 乐 哉？"

sān

三

liáng huì wáng yuē　　guǎ rén ③ zhī yú guó yě　jìn xīn
梁 惠 王 曰："寡 人③ 之 于 国 也，尽 心

yān ěr yǐ　hé nèi xiōng ④　zé yí qí mín yú hé dōng ⑤
焉 耳 矣。河 内 凶④，则 移 其 民 于 河 东⑤，

yí qí sù yú hé nèi　hé dōng xiōng yì rán　chá lín guó
移 其 粟 于 河 内。河 东 凶 亦 然。察 邻 国

zhī zhèng　wú rú guǎ rén zhī yòng xīn zhě　lín guó zhī mín
之 政，无 如 寡 人 之 用 心 者。邻 国 之 民

bù jiā shǎo　guǎ rén zhī mín bù jiā duō　hé yě
不 加 少，寡 人 之 民 不 加 多，何 也？"

①害，通"曷"，何时。②女，同"汝"，你。③寡人：古代王侯的自谦之辞。④河内：黄河北岸魏国的土地。⑤河东：黄河以东地区的魏国土地。

孟子对曰："王好战，请以战喻。填然鼓之，兵刃既接，弃甲曳兵而走。或百步而后止，或五十步而后止。以五十步笑百步，则何如？"

曰："不可，直不百步耳，是亦走也。"

曰："王如知此，则无望民之多于邻国也。不违农时，谷不可胜食也；数罟不入洿池①，鱼鳖不可胜食也；斧斤以时入山林，材木不可胜用也。谷与鱼鳖不可胜食，材木不可胜用，是使民养生丧死无憾也。养生丧死无憾，王道之始也。

---

① 数罟不入洿池：数罟，密网。洿池，大池。

"五亩之宅，树之以桑，五十者可以衣帛矣；鸡豚狗彘之畜，无失其时，七十者可以食肉矣；百亩之田，勿夺其时，数口之家可以无饥矣；谨庠序之教①，申之以孝悌之义，颁白②者不负戴③于道路矣。七十者衣帛食肉，黎民不饥不寒，然而不王④者，未之有也。

"狗彘食人食而不知检，涂⑤有饿莩⑥而不知发；人死，则曰：'非我也，岁也。'是何异于刺人而杀之，曰：'非我也，兵也。'王无罪岁，斯天下之民至焉。"

---

①庠序：学校。②颁白：须发半白。③不负戴：负，背负。戴，顶在头上。
④王：以仁政统一天下。⑤涂：同"途"，道路。⑥莩，通"殍"，饿死的人。

sì
四

liáng huì wáng yuē　　　guǎ rén yuàn ān chéng jiào
梁惠王曰："寡人愿安承教①。"

mèng zǐ duì yuē　　　shā rén yǐ tǐng　yǔ rèn　yǒu yǐ
孟子对曰："杀人以梃②与刃，有以

yì hū
异乎？"

yuē　　　wú yǐ yì yě
曰："无以异也。"

yǐ rèn yǔ zhèng　yǒu yǐ yì hū
"以刃与政，有以异乎？"

yuē　　　wú yǐ yì yě
曰："无以异也。"

yuē　　　páo yǒu féi ròu　jiù yǒu féi mǎ　mín yǒu jī
曰："庖有肥肉，厩有肥马，民有饥

sè　　yě yǒu è piǎo　cǐ shuài shòu ér shí rén yě　shòu xiāng
色，野有饿莩，此率兽而食人也。兽相

shí　qiě rén wù zhī　wéi mín fù mǔ　xíng zhèng bù miǎn yú
食，且人恶之。为民父母，行政不免于

shuài shòu ér shí rén　wū③ zài qí wéi mín fù mǔ yě　zhòng
率兽而食人，恶③在其为民父母也？仲

ní yuē　　shǐ zuò yǒng zhě　qí wú hòu hū　　wèi qí
尼曰：'始作俑者，其无后乎！'为其

①愿安承教：安，乐意。承，接受。②梃：木棒。③恶：何。

象①人而用之也。如之何其使斯民饥而死也？"

五

梁惠王曰："晋国②，天下莫强焉，叟之所知也。及寡人之身，东败于齐，长子死焉；西丧地于秦七百里；南辱于楚。寡人耻之，愿比死者壹洒之③，如之何则可？"

孟子对曰："地方百里而可以王。王如施仁政于民，省刑罚，薄税敛，深耕易耨④。壮者以暇日修其孝悌忠信，

---

①象：同"像"。②晋国：指魏国。③愿比死者壹洒之：比，替。壹，全。洒，同"洗"，雪耻。④易耨：及时除草。

入以事其父兄，出以事其长上，可使制梃以挞秦楚之坚甲利兵矣。彼夺其民时，使不得耕耨以养其父母，父母冻饿，兄弟妻子离散。彼陷溺其民，王往而征之，夫谁与王敌？故曰：'仁者无敌。'王请勿疑！"

六

孟子见梁襄王。出，语①人曰："望之不似人君，就之而不见所畏焉。卒然②问曰：'天下恶乎定？'吾对曰：'定于一。''孰能一之？'对曰：'不嗜杀人者

①语：告诉。②卒然：同"猝然"。

能一之。'孰能与^①之？'对曰：'天下
莫不与也。王知夫苗乎？七八月之间旱，
则苗槁矣。天油然作云，沛然下雨，则
苗浡然兴之矣。其如是，孰能御之？
今夫天下之人牧^②，未有不嗜杀人者也。
如有不嗜杀人者，则天下之民皆引领而
望之矣。诚如是也，民归之，由^③水之
就下，沛然谁能御之？'"

七

齐宣王问曰："齐桓、晋文之事可
得闻乎？"

---

① 与：跟随，亲附。② 人牧：指国君。③ 由：同"犹"。

孟子对曰："仲尼之徒无道桓、文之事者，是以后世无传焉，臣未之闻也。无以①，则王②乎？"

曰："德何如，则可以王矣？"曰："保民而王，莫之能御也。"曰："若寡人者，可以保民乎哉？"曰："可。"曰："何由知吾可也？"曰："臣闻之胡龁③曰，王坐于堂上，有牵牛而过堂下者，王见之，曰：'牛何之？'对曰：'将以衅钟④。'王曰：'舍之！吾不忍其觳觫⑤，若无罪而就死地。'对曰：'然则废衅钟与？'曰：'何可废也？以羊易之！'不识有诸？"曰："有之。"曰："是心足以

---

① 无以：不得已。② 王：推行王道。③ 胡龁：齐宣王身边的近臣。④ 衅钟：新钟铸成后，杀牲取血，涂在钟的缝隙处。⑤ 觳觫：因恐惧而发抖的样子。

王矣。百姓皆以王为爱①也，臣固知王
之不忍也。”

王曰：“然。诚有百姓者。齐国虽褊
小②，吾何爱一牛？即不忍其觳觫，若
无罪而就死地，故以羊易之也。”

曰：“王无异③于百姓之以王为爱也。
以小易大，彼恶知之？王若隐④其无罪
而就死地，则牛羊何择焉？”

王笑曰：“是诚何心哉？我非爱其财
而易之以羊也。宜乎百姓之谓我爱也。”

曰：“无伤也，是乃仁术也，见牛
未见羊也。君子之于禽兽也，见其生，
不忍见其死；闻其声，不忍食其肉。是

---

①爱：吝啬。②褊小：狭小。③异：奇怪。④隐：怜悯。

以君子远庖厨也。"

王说①曰："《诗》云：'他人有心，予忖度②之。'夫子之谓也。夫我乃行之，反而求之，不得吾心。夫子言之，于我心有戚戚焉。此心之所以合于王者，何也？"

曰："有复于王者曰：'吾力足以举百钧③，而不足以举一羽；明足以察秋毫④之末，而不见舆薪⑤。'则王许之乎？"

曰："否。"

"今恩足以及禽兽，而功不至于百姓者，独何与？然则一羽之不举，为不用力焉；舆薪之不见，为不用明焉；百

---

①说：通"悦"。②忖度：揣测。③钧：古代计量单位，三十斤为一钧。
④秋毫：鸟尾上的细毛，比喻微小的事物。⑤舆薪：一车薪柴。

姓之不见保，为不用恩焉。故王之不王，不为也，非不能也。"

曰："不为者与不能者之形何以异？"

曰："挟太山以超北海①，语人曰'我不能'，是诚不能也。为长者折枝②，语人曰'我不能'，是不为也，非不能也。故王之不王，非挟太山以超北海之类也；王之不王，是折枝之类也。老吾老，以及人之老；幼吾幼，以及人之幼。天下可运于掌。《诗》云：'刑于寡妻③，至于兄弟，以御于家邦。'言举斯心加诸彼而已。故推恩足以保四海，不推恩无以保妻子。古之人所以大过人者，无他

---

① 挟太山以超北海：太山，即泰山。北海，即渤海。② 折枝：按摩肢体。枝，通"肢"。③ 刑于寡妻：刑，同"型"，示范。寡妻，嫡妻。

焉，善推其所为而已矣。今恩足以及禽兽，而功不至于百姓者，独何与？权，然后知轻重；度，然后知长短。物皆然，心为甚。王请度之！抑王兴甲兵，危士臣，构怨于诸侯，然后快于心与？"

王曰："否。吾何快于是？将以求吾所大欲也。"

曰："王之所大欲可得闻与？"王笑而不言。

曰："为肥甘不足于口与？轻暖不足于体与？抑为采色不足视于目与？声音不足听于耳与？便嬖①不足使令于前与？王之诸臣皆足以供之，而王岂为是哉？"

---

① 便嬖：近臣，君主左右受宠幸的人。

曰：“否。吾不为是也。”

曰：“然则王之所大欲可知已。欲辟土地，朝秦楚，莅中国而抚四夷也。以若所为，求若所欲，犹缘木而求鱼也。”

王曰：“若是其甚与？”

曰：“殆有甚焉。缘木求鱼，虽不得鱼，无后灾。以若所为，求若所欲，尽心力而为之，后必有灾。”

曰：“可得闻与？”

曰：“邹人与楚人战，则王以为孰胜？”

曰：“楚人胜。”

曰：“然则小固不可以敌大，寡固不可以敌众，弱固不可以敌强。海内之地方千里者九，齐集有其一。以一服八，何以异于邹敌楚哉？盖①亦反其本矣。今王发政施仁，使天下仕者皆欲立于王之朝，耕者皆欲耕于王之野，商贾皆欲藏于王之市，行旅皆欲出于王之涂，天下之欲疾其君者皆欲赴愬②于王。其若是，孰能御之？"

王曰："吾惛，不能进于是矣。愿夫子辅吾志，明以教我。我虽不敏，请尝试之。"

曰："无恒产而有恒心者，惟士为能。若民，则无恒产，因无恒心。苟无恒心，放辟邪侈，无不为已。及陷于罪，然后从而刑之，是罔③民也。焉有

①盖：同"盍"，何不。②愬：同"诉"，告诉。③罔：同"网"，陷害。

017

仁人在位，罔民而可为也？是故明君制①民之产，必使仰足以事父母，俯足以畜妻子，乐岁终身饱，凶年免于死亡；然后驱而之善，故民之从之也轻。今也制民之产，仰不足以事父母，俯不足以畜妻子，乐岁终身苦，凶年不免于死亡。此惟救死而恐不赡②，奚暇③治礼义哉？王欲行之，则盍反其本矣。

五亩之宅，树之以桑，五十者可以衣帛矣；鸡豚狗彘之畜，无失其时，七十者可以食肉矣；百亩之田，勿夺其时，八口之家可以无饥矣；谨庠序之教，申之以孝悌之义，颁白者不负戴于道路矣。

---

① 制：制订法度。② 赡：足够。③ 奚暇：哪里顾得上。

老者衣帛食肉，黎民不饥不寒，然而不王者，未之有也。"

liáng huì wáng xià

梁惠王下

　　本部分共十六章。第一至第十一章是孟子与齐宣王的对话，他对齐宣王循循善诱，不断宣讲"仁政""王道"的道理，阐发了"与民同乐"、汤武革命等思想内容。第十二章记载了孟子早年在邹国的活动，以及劝邹穆公施行仁政。第十三至第十五章记载了孟子在滕国推行仁政的经历，解答了滕文公关于弱小国家如何自处的问题。第十六章则记载了孟子受臧仓的阻碍不得见鲁平公之事。

yī

一

庄 暴 见 孟 子，曰："暴 见 于 王①，王
语 暴 以 好 乐，暴 未 有 以 对 也。"曰："好
乐 何 如？"孟 子 曰："王 之 好 乐 甚，则 齐
国 其 庶 几 乎！"

他 日，见 于 王 曰："王 尝 语 庄 子 以
好 乐，有 诸？"

王 变 乎 色，曰："寡 人 非 能 好 先 王
之 乐 也，直 好 世 俗 之 乐 耳。"

曰："王 之 好 乐 甚，则 齐 其 庶 几 乎！
今 之 乐 犹 古 之 乐 也。"

曰："可 得 闻 与？"

① 王：指齐宣王。

曰：“独乐乐，与人乐乐，孰乐？”
曰：“不若与人。”曰：“与少乐乐，与
众乐乐，孰乐？”曰：“不若与众。”

“臣请为王言乐：今王鼓乐于此，
百姓闻王钟鼓之声、管籥①之音，举
疾首蹙頞②而相告曰：‘吾王之好鼓乐，
夫何使我至于此极也？父子不相见，兄
弟妻子离散。’今王田猎于此，百姓闻
王车马之音，见羽旄之美，举疾首蹙頞
而相告曰：‘吾王之好田猎，夫何使我
至于此极也？父子不相见，兄弟妻子离
散。’此无他，不与民同乐也。

“今王鼓乐于此，百姓闻王钟鼓之

---

① 籥：同“龠”，古代吹奏乐器。② 蹙頞：忧愁的样子。蹙，皱。頞，鼻梁。

声、管籥之音，举欣欣然有喜色而相告曰：'吾王庶几无疾病与？何以能鼓乐也？'今王田猎于此，百姓闻王车马之音，见羽旄^①之美，举欣欣然有喜色而相告曰：'吾王庶几无疾病与？何以能田猎也？'此无他，与民同乐也。今王与百姓同乐，则王矣。"

二

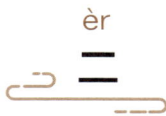

齐宣王问曰："文王之囿方七十里，有诸？"孟子对曰："于传有之。"

曰："若是其大乎？"

曰："民犹以为小也。"

---

① 羽旄：旗帜，这里指仪仗。

曰：“寡人之囿方四十里，民犹以为大，何也？”

曰：“文王之囿方七十里，刍荛者往焉，雉兔者往焉，与民同之。民以为小，不亦宜乎？臣始至于境，问国之大禁，然后敢入。臣闻郊关之内有囿方四十里，杀其麋鹿者如杀人之罪，则是方四十里为阱于国中。民以为大，不亦宜乎？”

三

齐宣王问曰：“交邻国有道乎？”

① 刍荛：指割草砍柴。

孟子对曰："有。惟仁者为能以大事小，是故汤事葛①，文王事昆夷②；惟智者为能以小事大，故大王事獯鬻③，句践④事吴。以大事小者，乐天者也；以小事大者，畏天者也。乐天者保天下，畏天者保其国。《诗》云：'畏天之威，于时保之。'"

王曰："大哉言矣！寡人有疾，寡人好勇。"

对曰："王请无好小勇。夫抚剑疾视曰：'彼恶敢当我哉！'此匹夫之勇，敌一人者也。王请大之！《诗》云：'王

① 葛：商的邻国。② 昆夷：周朝初年的西戎国名。③ 大王事獯鬻：大王，亦作"太王"，即古公亶父。獯鬻，亦作"熏育"，即猃狁，当时北方的少数民族。④ 句践：即越王勾践。句，音"勾"。

赫斯怒，爰整其旅，以遏徂莒，以笃
周祜，以对于天下。'此文王之勇也。
文王一怒而安天下之民。《书》曰：'天
降下民，作之君，作之师。惟曰其助上
帝，宠之四方。有罪无罪，惟我在，天
下曷敢有越厥志？'一人①衡②行于天
下，武王耻之。此武王之勇也。而武
王亦一怒而安天下之民。今王亦一怒而
安天下之民，民惟恐王之不好勇也。"

四

齐宣王见孟子于雪宫。王曰："贤
者亦有此乐乎？"

①一人：指商纣王。②衡：同"横"。

孟子对曰："有。人不得，则非其上矣。不得而非其上者，非也；为民上而不与民同乐者，亦非也。乐民之乐者，民亦乐其乐；忧民之忧者，民亦忧其忧。乐以天下，忧以天下，然而不王者，未之有也。昔者齐景公问于晏子曰：'吾欲观于转附、朝儛①，遵海而南，放于琅邪②。吾何修而可以比于先王观也？'晏子对曰：'善哉问也！天子适诸侯曰巡狩，巡狩者，巡所守也；诸侯朝于天子曰述职，述职者，述所职也。无非事者。春省耕而补不足，秋省敛而助不给。夏谚曰："吾王不游，

---

① 转附、朝儛：均为山名。② 琅邪：山名。

吾何以休？吾王不豫①，吾何以助？一游一豫，为诸侯度。"今也不然：师行而粮食，饥者弗食，劳者弗息。睊睊胥谗②，民乃作慝③。方④命虐民，饮食若流。流连荒亡，为诸侯忧。从流下而忘反谓之流，从流上而忘反谓之连，从兽无厌谓之荒，乐酒无厌谓之亡。先王无流连之乐，荒亡之行。惟君所行也。'景公说，大戒于国，出舍于郊。于是始兴发补不足。召大师曰：'为我作君臣相说之乐！'盖《徵招》《角招》⑤是也。其《诗》曰：'畜君何尤？'畜君者，好君也。"

---

①豫：出游。②睊睊胥谗：睊睊，因忿恨而侧目相视的样子。胥，皆也，相也。谗，毁谤。③慝：恶。④方：违背。⑤《徵招》《角招》：古乐章名。招，通"韶"。

五 wǔ

齐宣王问曰："人皆谓我毁明堂①。
毁诸？已乎？"

孟子对曰："夫明堂者，王者之堂
也。王欲行王政，则勿毁之矣。"

王曰："王政可得闻与？"

对曰："昔者文王之治岐也，耕者九
一②，仕者世禄，关市讥而不征③，泽梁
无禁，罪人不孥④。老而无妻曰鳏，老
而无夫曰寡，老而无子曰独，幼而无父曰
孤。此四者，天下之穷民而无告者。文王

① 明堂：古代帝王宣明政教的场所，凡朝会、祭祀等重大典礼都在明堂举行。② 耕者九一：指井田制。③ 讥而不征：讥，检查言行。征，征税。④ 孥：本意是妻子、儿女，这里指连累妻子、儿女。

发 政 施 仁 ，必 先 斯 四 者 。《诗》云：'哿①
矣 富 人 ，哀 此 茕② 独 。'"

王 曰：" 善 哉 言 乎 ！"

曰：" 王 如 善 之 ，则 何 为 不 行 ？"

王 曰：" 寡 人 有 疾 ，寡 人 好 货 。"

对 曰：" 昔 者 公 刘③ 好 货 。《诗》云：'乃
积 乃 仓 ，乃 裹 糇 粮④ ，于 橐 于 囊⑤ ，思 戢 用
光⑥ 。弓 矢 斯 张 ，干 戈 戚 扬 ，爰 方 启
行 。'故 居 者 有 积 仓 ，行 者 有 裹 粮 也 ，
然 后 可 以 爰 方 启 行 。王 如 好 货 ，与 百 姓
同 之 ，于 王 何 有 ？"

王 曰：" 寡 人 有 疾 ，寡 人 好 色 。"

---

①哿：可。②茕：孤独。③公刘：周人创业的始祖，后稷的曾孙。④糇粮：
干粮。⑤于橐于囊：橐和囊都是盛物之器，无底为橐，有底为囊。⑥思戢用光：
思，语气词。戢，和睦。用，因而。光，光大。

对曰：“昔者大王①好色，爱厥妃。《诗》云：'古公亶甫，来朝走马，率西水浒，至于岐下。爰及姜女，聿来胥宇。'当是时也，内无怨女，外无旷夫。王如好色，与百姓同之，于王何有？”

六

孟子谓齐宣王曰：“王之臣有托其妻子于其友，而之楚游者。比②其反也，则冻馁其妻子，则如之何？”王曰：“弃之。”

曰：“士师③不能治士，则如之何？”

---

① 大王：即太王古公亶父，公刘的十世孙，周文王的祖父。② 比：及，至。
③ 士师：古代执掌禁令刑狱的官员。

王曰："已之。"

曰："四境之内不治，则如之何？"

王顾左右而言他。

七

孟子见齐宣王，曰："所谓故国者，非谓有乔木之谓也，有世臣之谓也。王无亲臣矣，昔者所进，今日不知其亡[1]也。"

王曰："吾何以识其不才而舍之？"

曰："国君进贤，如不得已，将使卑逾尊，疏逾戚，可不慎与？左右皆曰

①亡：去位，去国。

贤，未可也；诸大夫皆曰贤，未可也；国人皆曰贤，然后察之；见贤焉，然后用之。左右皆曰不可，勿听；诸大夫皆曰不可，勿听；国人皆曰不可，然后察之；见不可焉，然后去之。左右皆曰可杀，勿听；诸大夫皆曰可杀，勿听；国人皆曰可杀，然后察之；见可杀焉，然后杀之。故曰，国人杀之也。如此，然后可以为民父母。"

八

齐宣王问曰："汤放桀，武王伐纣，有诸？"孟子对曰："于传有之。"曰："臣弑其君，可乎？"

曰："贼仁者谓之贼，贼义者谓之残。残贼之人谓之一夫。闻诛①一夫纣矣，未闻弑②君也。"

九

孟子见齐宣王，曰："为巨室，则必使工师③求大木。工师得大木，则王喜，以为能胜其任也。匠人斫④而小之，则王怒，以为不胜其任矣。夫人幼而学之，壮而欲行之。王曰'姑舍女所学而从我'，则何如？今有璞玉于此，虽万镒⑤，必使玉人雕琢之。至于治国家，

①诛：指合乎正义地杀。②弑：臣下杀死君主或儿女杀死父母称"弑"，贬义。③工师：古代官名，主管各种工匠。④斫：砍削。⑤镒：二十两为一镒。

则曰'姑舍女[①]所学而从我',则何以异于教玉人雕琢玉哉?"

十

齐人伐燕,胜之。宣王问曰:"或谓寡人勿取,或谓寡人取之。以万乘之国伐万乘之国,五旬而举之,人力不至于此。不取,必有天殃。取之,何如?"

孟子对曰:"取之而燕民悦,则取之。古之人有行之者,武王是也。取之而燕民不悦,则勿取。古之人有行之者,文王是也。以万乘之国伐万乘之国,箪[②]食

①女:通"汝",你。②箪:盛饭的竹筐。

壶浆，以迎王师，岂有他哉？避水火也。

如水益深，如火益热，亦运①而已矣。"

十一

齐人伐燕，取之。诸侯将谋救燕。

宣王曰："诸侯多谋伐寡人者，何以待之？"

孟子对曰："臣闻七十里为政于天下者，汤是也。未闻以千里畏人者也。《书》曰：'汤一征②，自葛始。'天下信之。'东面而征，西夷怨；南面而征，北狄怨。曰：奚为后我？'民望之，若

---

①运：转换。②一征：始征，初征。

大旱之望云霓也。归市者不止，耕者不变。诛其君而吊其民，若时雨降，民大悦。《书》曰：'徯我后①，后来其苏。'今燕虐其民，王往而征之。民以为将拯己于水火之中也，箪食壶浆，以迎王师。若杀其父兄，系累其子弟②，毁其宗庙，迁其重器，如之何其可也？天下固畏齐之强也。今又倍地而不行仁政，是动天下之兵也。王速出令，反其旄倪③，止其重器，谋于燕众，置君而后去之，则犹可及止也。"

①徯我后：徯，等待。后，王。②系累：捆绑。③旄倪：老人和幼儿。旄，同"耄"。

十二

邹与鲁鬨①。穆公问曰:"吾有司死者三十三人,而民莫之死也。诛之,则不可胜诛;不诛,则疾视其长上之死而不救,如之何则可也?"

孟子对曰:"凶年饥岁,君之民老弱转乎沟壑,壮者散而之四方者,几千人矣,而君之仓廪实,府库充,有司莫以告,是上慢而残下也。曾子曰:'戒之戒之!出乎尔者,反乎尔者也。'夫民今而后得反之也。君无尤②焉!君行仁政,斯民亲其上,死其长矣。"

---

①鬨:冲突,交战。②尤:责备。

十三

滕文公问曰："滕，小国也，间于齐、楚。事齐乎？事楚乎？"孟子对曰："是谋非吾所能及也。无已，则有一焉：凿斯池①也，筑斯城也，与民守之，效②死而民弗去，则是可为也。"

十四

滕文公问曰："齐人将筑薛③，吾甚恐。如之何则可？"

孟子对曰："昔者大王居邠，狄人

①池：护城河。②效：献。③筑薛：在薛筑城墙。

侵之，去之岐山之下居焉。非择而取之，不得已也。苟为善，后世子孙必有王者矣。君子创业垂统，为可继也。若夫成功，则天也。君如彼何哉？强为善而已矣。"

十五

滕文公问曰："滕，小国也，竭力以事大国，则不得免焉。如之何则可？"

孟子对曰："昔者大王居邠，狄人侵之。事之以皮币①，不得免焉；事之以犬马，不得免焉；事之以珠玉，不得

①皮币：皮，毛皮制成的裘。币，缯帛。

免焉。乃属①其耆老②而告之曰：'狄人
之所欲者，吾土地也。吾闻之也：君子
不以其所以养人者害人。二三子何患
乎无君？我将去之。'去邠，逾梁山，邑
于岐山之下居焉。邠人曰：'仁人也，
不可失也。'从之者如归市。或曰：'世
守也，非身之所能为也。效死勿去。'
君请择于斯二者。"

shí liù
十六

鲁平公将出，嬖人臧仓者请曰：
"他日君出，则必命有司所之。今乘舆

---

① 属：召集。② 耆老：一地之年老者统称为耆老。耆，六十岁的人。老，
七十岁的人。

已驾矣，有司未知所之，敢请。"

公曰："将见孟子。"

曰："何哉？君所为轻身以先于匹夫者，以为贤乎？礼义由贤者出。而孟子之后丧逾前丧①。君无见焉！"

公曰："诺。"

乐正子②入见，曰："君奚为不见孟轲也？"

曰："或告寡人曰：'孟子之后丧逾前丧'，是以不往见也。"

曰："何哉，君所谓逾者？前以士，后以大夫；前以三鼎，而后以五鼎③与？"

①后丧逾前丧：后丧，指母亲的丧事。前丧，指父亲的丧事。孟子先丧父，后丧母。②乐正子：名克，孟子弟子。③前以三鼎，而后以五鼎：三鼎，用三个鼎盛贡品。五鼎，用五个鼎盛贡品。依礼制，三鼎和五鼎体现出士礼和卿大夫之礼的区别。

曰：“否。谓棺椁衣衾①之美也。”

曰：“非所谓逾也，贫富不同也。”

乐正子见孟子，曰：“克告于君，君为来见也。嬖人有臧仓者沮②君，君是以不果来也。”

曰：“行，或使之；止，或尼③之。行止，非人所能也。吾之不遇鲁侯，天也。臧氏之子焉能使予不遇哉？”

①棺椁衣衾：棺，内棺。椁，外棺。衣衾，装殓死者的衣被。②沮：通“阻”。
③尼：阻止，阻拦。

gōng sūn chǒu shàng

公孙丑上

　　本部分共九章。第一、第二章为孟子与弟子公孙丑的对话，其余七章均为孟子语录。此部分基本上是孟子第二次游齐时的言行记录，涉及"王霸之辨""知言养气""不忍人之心""四端"等内容。

yī
一

gōng sūn chǒu wèn yuē　　fū zǐ dāng lù yú qí guǎn
公 孙 丑 问 曰 ：“夫 子 当 路①于 齐， 管

zhòng yàn zǐ zhī gōng kě fù xǔ hū
仲 、 晏 子 之 功， 可 复 许②乎 ？”

mèng zǐ yuē　　zǐ chéng qí rén yě　　zhī guǎn zhòng
孟 子 曰 ：“子 诚 齐 人 也， 知 管 仲 、

yàn zǐ ér yǐ yǐ huò wèn hū zēng xī yuē　　wú zǐ yǔ
晏 子 而 已 矣。 或 问 乎 曾 西 曰 ：‘吾 子 与

zǐ lù shú xián　　zēng xī cù rán yuē　　wú xiān zǐ
子 路 孰 贤 ？’ 曾 西 蹵 然③曰 ：‘吾 先 子④

zhī suǒ wèi yě　　yuē　　rán zé wú zǐ yǔ guǎn zhòng shú xián
之 所 畏 也。’ 曰 ：‘然 则 吾 子 与 管 仲 孰 贤 ？’

zēng xī bó rán bú yuè yuē　　ěr hé zēng bǐ yú yú
曾 西 艴 然⑤不 悦， 曰 ：‘尔 何 曾 比 予 于

guǎn zhòng guǎn zhòng dé jūn rú bǐ qí zhuān yě xíng hū
管 仲 ？管 仲 得 君， 如 彼 其 专 也 ；行 乎

guó zhèng rú bǐ qí jiǔ yě gōng liè rú bǐ qí bēi yě
国 政， 如 彼 其 久 也 ；功 烈， 如 彼 其 卑 也。

ěr hé zēng bǐ yú yú shì
尔 何 曾 比 予 于 是 ？’”

①当路：身居要职。②许：期待。③蹵然：不安的样子。④先子：指自己已死的父亲。⑤艴然：生气的样子。

曰:"管仲,曾西之所不为也,而子为我愿之乎?"

曰:"管仲以其君霸,晏子以其君显。管仲、晏子犹不足为与?"

曰:"以齐王,由①反手也。"

曰:"若是,则弟子之惑滋甚。且以文王之德,百年而后崩,犹未洽于天下;武王、周公继之,然后大行。今言王若易然,则文王不足法与?"

曰:"文王何可当也?由汤至于武丁,贤圣之君六七作。天下归殷久矣,久则难变也。武丁朝诸侯,有天下,犹运之掌也。纣之去武丁未久也,其故家

①由:通"犹"。

遗俗，流风善政，犹有存者；又有微子、微仲、王子比干、箕子、胶鬲皆贤人也，相与辅相之，故久而后失之也。尺地莫非其有也，一民莫非其臣也；然而文王犹方百里起，是以难也。齐人有言曰：'虽有智慧，不如乘势；虽有镃基①，不如待时。'今时则易然也。夏后、殷、周之盛，地未有过千里者也，而齐有其地矣；鸡鸣狗吠相闻，而达乎四境，而齐有其民矣。地不改辟矣，民不改聚矣，行仁政而王，莫之能御也。且王者之不作，未有疏于此时者也；民之憔悴于虐政，未有甚于此时者也。饥

---

① 镃基：农具，相当于今天的锄头之类。

者易为食，渴者易为饮。孔子曰：'德之流行，速于置邮①而传命。'当今之时，万乘之国行仁政，民之悦之，犹解倒悬也。故事半古之人，功必倍之，惟此时为然。"

二

公孙丑问曰："夫子加齐之卿相，得行道焉，虽由此霸王，不异矣。如此，则动心否乎？"

孟子曰："否。我四十不动心。"

曰："若是，则夫子过孟贲②远矣。"

---

①置邮：相当于后代的驿站。②孟贲：古代勇士。

曰："是不难，告子先我不动心。"

曰："不动心有道乎？"

曰："有。北宫黝之养勇也，不肤桡①，不目逃，思以一豪挫于人，若挞之于市朝。不受于褐宽博②，亦不受于万乘之君。视刺万乘之君，若刺褐夫。无严③诸侯。恶声至，必反之。孟施舍之所养勇也，曰：'视不胜犹胜也。量敌而后进，虑胜而后会④，是畏三军者也。舍岂能为必胜哉？能无惧而已矣。'孟施舍似曾子，北宫黝似子夏。夫二子之勇，未知其孰贤，然而孟施舍守约也。昔者曾子谓子襄曰：'子好勇乎？

①桡：退却。②褐宽博：指卑贱者。③严：畏惧。④会：指交战。

吾尝闻大勇于夫子矣：自反而不缩①，虽褐宽博，吾不惴焉；自反而缩，虽千万人，吾往矣。'孟施舍之守气，又不如曾子之守约也。"

曰："敢问夫子之不动心，与告子之不动心，可得闻与？"

"告子曰：'不得于言，勿求于心；不得于心，勿求于气。'不得于心，勿求于气，可；不得于言，勿求于心，不可。夫志，气之帅也；气，体之充也。夫志至焉，气次焉。故曰：'持其志，无暴②其气。'"

"既曰'志至焉，气次焉'，又曰'持其志，无暴其气'者，何也？"

①缩：直。②暴：乱。

曰："志壹则动气，气壹则动志也。今夫蹶者趋者，是气也，而反动其心。"

"敢问夫子恶乎长？"

曰："我知言，我善养吾浩然之气。"

"敢问何谓浩然之气？"

曰："难言也。其为气也，至大至刚，以直养而无害，则塞于天地之间。其为气也，配义与道；无是，馁也。是集义所生者，非义袭而取之也。行有不慊①于心，则馁矣。我故曰：告子未尝知义，以其外之也。必有事焉而勿正②，心勿忘，勿助长也。无若宋人然：宋人有闵其苗之不长而揠之者，芒芒然归。

①慊：满足，满意。②正：止，中止。

谓其人曰：'今日病矣，予助苗长矣。'其子趋而往视之，苗则槁矣。天下之不助苗长者寡矣。以为无益而舍之者，不耘苗者也；助之长者，揠苗者也。非徒无益，而又害之。"

"何谓知言？"

曰："诐①辞知其所蔽②，淫③辞知其所陷④，邪⑤辞知其所离⑥，遁⑦辞知其所穷⑧。生于其心，害于其政；发于其政，害于其事。圣人复起，必从吾言矣。"

"宰我、子贡善为说辞，冉牛、闵子、颜渊善言德行。孔子兼之，曰：'我于辞命，则不能也。'然则夫子既圣矣乎？"

---

①诐：偏颇。②蔽：遮蔽。③淫：过分。④陷：沉溺。⑤邪：邪僻，不正。⑥离：背离。⑦遁：躲闪。⑧穷：理屈。

日："恶！是何言也？昔者子贡问于孔子曰：'夫子圣矣乎？'孔子曰：'圣则吾不能，我学不厌而教不倦也。'子贡曰：'学不厌，智也；教不倦，仁也。仁且智，夫子既圣矣！'夫圣，孔子不居，是何言也？"

"昔者窃闻之：子夏、子游、子张皆有圣人之一体，冉牛、闵子、颜渊则具体而微。敢问所安？"

曰："姑舍是。"

曰："伯夷、伊尹何如？"

曰："不同道。非其君不事，非其民不使；治则进，乱则退，伯夷也。何事非君，何使非民；治亦进，乱亦进，伊尹也。可以仕则仕，可以止则止，可以

久则久，可以速则速，孔子也。皆古圣
人也，吾未能有行焉；乃所愿，则学孔
子也。"

"伯夷、伊尹于孔子，若是班①乎？"
曰："否。自有生民以来，未有孔子
也。"

曰："然则有同与？"
曰："有。得百里之地而君之，皆能
以朝诸侯，有天下。行一不义、杀一不
辜而得天下，皆不为也。是则同。"

曰："敢问其所以异？"
曰："宰我、子贡、有若，智足以知圣
人。污，不至阿其所好。宰我曰：'以予

①班：等同。

观于夫子，贤于尧、舜远矣。'子贡曰：
'见其礼而知其政，闻其乐而知其德。
由百世之后，等^①百世之王，莫之能违
也。自生民以来，未有夫子也。'有若
曰：'岂惟民哉？麒麟之于走兽，凤凰
之于飞鸟，太山之于丘垤，河海之于行
潦，类也。圣人之于民，亦类也。出于
其类，拔乎其萃，自生民以来，未有
盛于孔子也。'"

三

孟子曰："以力假仁者霸，霸必有
大国，以德行仁者王，王不待^②大。汤

---

①等：区别。②待：依靠。

以七十里，文王以百里。以力服人者，非心服也，力不赡①也；以德服人者，中心悦而诚服也，如七十子之服孔子也。《诗》云：'自西自东，自南自北，无思不服。'此之谓也。"

四

孟子曰："仁则荣，不仁则辱。今恶辱而居不仁，是犹恶湿而居下也。如恶之，莫如贵德而尊士，贤者在位，能者在职。国家闲暇，及是时明其政刑。虽大国，必畏之矣。《诗》云：'迨天之未阴

①赡：足。

雨，彻彼桑土，绸缪牖户。今此下民，或敢侮予？'孔子曰：'为此诗者，其知道乎！能治其国家，谁敢侮之？'今国家闲暇，及是时般乐①怠敖②，是自求祸也。祸福无不自己求之者。《诗》云：'永言配命，自求多福。'《太甲》曰：'天作孽，犹可违；自作孽，不可活。'此之谓也。"

五

孟子曰："尊贤使能，俊杰在位，则天下之士皆悦，而愿立于其朝矣。市，廛③而不征，法而不廛，则天下之商皆悦，

---

① 般乐：大肆作乐。② 怠敖：怠慢，骄傲。③ 廛：指对宅舍征收税。

而愿藏于其市矣。关，讥①而不征，则天下之旅皆悦，而愿出于其路矣。耕者助②而不税，则天下之农皆悦，而愿耕于其野矣。廛无夫里之布③，则天下之民皆悦，而愿为之氓④矣。信能行此五者，则邻国之民仰之若父母矣。率其子弟，攻其父母，自生民以来，未有能济者也。如此，则无敌于天下。无敌于天下者，天吏也。然而不王者，未之有也。"

六

孟子曰："人皆有不忍人之心。先王

①讥：查问。②助：上古九百亩为一井，状如井，八家各有一百亩，中为公田，公事毕然后敢治私事，这种制度叫"助"。③夫里之布：指代苛捐杂税。④氓：指从别处迁来之民。

有不忍人之心，斯有不忍人之政矣。以
不忍人之心，行不忍人之政，治天下可
运之掌上。所以谓人皆有不忍人之心
者，今①人乍见孺子将入于井，皆有怵
惕②恻隐③之心。非所以内交④于孺子之
父母也，非所以要誉⑤于乡党朋友也，
非恶其声而然也。由是观之，无恻隐之
心，非人也；无羞恶之心，非人也；无
辞让之心，非人也；无是非之心，非人
也。恻隐之心，仁之端⑥也；羞恶之心，
义之端也；辞让之心，礼之端也；是非
之心，智之端也。人之有是四端也，犹
其有四体也。有是四端而自谓不能者，

---

①今：假如。②怵惕：惊惧。③恻隐：同情，怜悯。④内交：结交。内，通"纳"。⑤要誉：博取名誉。要，通"邀"，求。⑥端：开端，源头。

zì zéi zhě yě　　wèi qí jūn bù néng zhě　　zéi qí jūn zhě yě
自贼者也；谓其君不能者，贼其君者也。

fán yǒu sì duān yú wǒ zhě　　zhī jiē kuò ér chōng zhī yǐ　　ruò
凡有四端于我者，知皆扩而充之矣，若

huǒ zhī shǐ rán①　　quán zhī shǐ dá②　　gǒu néng chōng zhī　　zú
火之始然①，泉之始达②。苟能充之，足

yǐ bǎo sì hǎi　　gǒu bù chōng zhī　　bù zú yǐ shì fù mǔ
以保四海；苟不充之，不足以事父母。”

qī
七

mèng zǐ yuē　　shǐ rén③ qǐ bù rén yú hán rén④
孟子曰："矢人③岂不仁于函人④

zāi　　shǐ rén wéi kǒng bù shāng rén　　hán rén wéi kǒng shāng
哉？矢人唯恐不伤人，函人唯恐伤

rén　　wū jiàng⑤ yì rán　　gù shù bù kě bú shèn yě
人。巫、匠⑤亦然。故术不可不慎也。

kǒng zǐ yuē　　lǐ rén wéi měi　　zé bù chǔ rén yān
孔子曰：'里仁为美。择不处仁，焉

dé zhì　　fú rén tiān zhī zūn jué yě　　rén zhī ān
得智？'夫仁，天之尊爵也，人之安

zhái yě　　mò zhī yù ér bù rén⑥　　shì bú zhì yě　　bù
宅也。莫之御而不仁⑥，是不智也。不

---

①然：同"燃"。②达：冒出地面。③矢人：造箭的人。④函人：造铠甲
的人。⑤巫、匠：巫，巫医。匠，匠人，这里特指做棺材的木匠。⑥御：阻挡。

仁、不智、无礼、无义，人役也。人役
而耻为役，由①弓人而耻为弓，矢人而
耻为矢也。如耻之，莫如为仁。仁者如
射，射者正己而后发；发而不中，不
怨胜己者，反求诸己而已矣。"

八

孟子曰："子路，人告之以有过则
喜。禹闻善言则拜。大舜有②大焉，善
与人同，舍己从人，乐取于人以为善。
自耕、稼、陶、渔以至为帝，无非取
于人者。取诸人以为善，是与③人为
善者也。故君子莫大乎与人为善。"

①由：同"犹"，好像。②有：同"又"。③与：偕同。

九

孟子曰："伯夷，非其君不事，非其友不友。不立于恶人之朝，不与恶人言。立于恶人之朝，与恶人言，如以朝衣朝冠坐于涂炭。推恶恶之心，思与乡人立，其冠不正，望望然去之，若将浼①焉。是故诸侯虽有善其辞命而至者，不受也。不受也者，是亦不屑就已。柳下惠，不羞污君，不卑小官。进不隐贤，必以其道。遗佚而不怨，厄穷而不悯②。故曰：'尔为尔，我为我，虽袒裼③裸裎④于我侧，尔焉能浼我哉？'

①浼：污染。②悯：忧伤，忧愁。③袒裼：袒露肉体。④裸裎：赤身露体。

故由由然与之偕而不自失焉，援而
止之而止。援而止之而止者，是亦不屑
去已。"

孟子曰："伯夷隘，柳下惠不恭。隘
与不恭，君子不由也。"

公孙丑下

　　本部分共十四章。除第一、第四章外，其余各章均与孟子在齐国时的活动有关，内容涉及治国之道、君臣关系等方面。此部分中孟子对天时、地利以及人和关系的论述，对齐国伐燕的态度，尤能体现出他以民为本的思想。

yī
一

孟子曰："天时不如地利，地利不如人和。三里之城，七里之郭，环而攻之而不胜。夫环而攻之，必有得天时者矣，然而不胜者，是天时不如地利也。城非不高也，池非不深也，兵革非不坚利也，米粟非不多也，委而去之，是地利不如人和也。故曰：域民不以封疆之界，固国不以山溪之险，威天下不以兵革之利。得道者多助，失道者寡助。寡助之至，亲戚畔①之；多助之至，天下顺之。以天下之所顺，攻亲戚之所畔，

① 畔：通"叛"。

gù jūn zǐ yǒu bú zhàn　zhàn bì shèng yǐ
故 君 子 有 不 战 ， 战 必 胜 矣 。"

èr
二

mèng zǐ jiāng cháo wáng　wáng shǐ rén lái yuē　guǎ rén
孟 子 将 朝 王 ， 王 使 人 来 曰 ："寡 人

rú ① jiù jiàn zhě yě　yǒu hán jí　bù kě yǐ fēng　zhāo
如 ① 就 见 者 也 ， 有 寒 疾 ， 不 可 以 风 。 朝

jiāng shì cháo　bù shí kě shǐ guǎ rén dé jiàn hū
将 视 朝 ， 不 识 可 使 寡 人 得 见 乎 ？"

duì yuē　bú xìng ér yǒu jí　bù néng zào cháo ②
对 曰 ："不 幸 而 有 疾 ， 不 能 造 朝 ②。"

míng rì chū diào yú dōng guō shì ③　gōng sūn chǒu yuē
明 日 出 吊 于 东 郭 氏 ③。 公 孙 丑 曰 ：

xī zhě cí yǐ bìng　jīn rì diào　huò zhě bù kě hū
"昔 者 辞 以 病 ， 今 日 吊 ， 或 者 不 可 乎 ？"

yuē　xī zhě jí　jīn rì yù　rú zhī hé bú diào
曰 ："昔 者 疾 ， 今 日 愈 ， 如 之 何 不 吊 ？"

wáng shǐ rén wèn jí　yī lái
王 使 人 问 疾 ， 医 来 。

mèng zhòng zǐ duì yuē　xī zhě yǒu wáng mìng　yǒu cǎi
孟 仲 子 对 曰 ："昔 者 有 王 命 ， 有 采

① 如：应当。② 造朝：上朝。③ 东郭氏：齐国大夫。

薪之忧①，不能造朝。今病小愈，趋②造于朝，我不识能至否乎？"使数人要③于路，曰："请必无归，而造于朝！"

不得已而之景丑氏宿焉。

景子曰："内则父子，外则君臣，人之大伦也。父子主恩，君臣主敬。丑见王之敬子也，未见所以敬王也。"

曰："恶！是何言也！齐人无以仁义与王言者，岂以仁义为不美也？其心曰'是何足与言仁义也'云尔，则不敬莫大乎是。我非尧、舜之道，不敢以陈于王前，故齐人莫如我敬王也。"

景子曰："否，非此之谓也。《礼》曰：

---

① 采薪之忧：生病的代辞。② 趋：疾行。③ 要：拦截。

'父召，无诺；君命召，不俟驾①。'固将朝也，闻王命而遂不果，宜与夫礼若不相似然。"

曰："岂谓是与？曾子曰：'晋、楚之富，不可及也。彼以其富，我以吾仁；彼以其爵，我以吾义，吾何慊②乎哉？'夫岂不义而曾子言之？是或一道也。天下有达尊③三：爵一，齿一，德一。朝廷莫如爵，乡党莫如齿，辅世长民莫如德。恶得有其一，以慢其二哉？故将大有为之君，必有所不召之臣，欲有谋焉，则就之。其尊德乐道不如是，不足与有为也。故汤之于伊尹，学焉而后臣之，故不劳

① 不俟驾：不等到车马备好就起身。② 慊：不满足。③ 达尊：众所共尊。

ér wàng huán gōng zhī yú guǎn zhòng xué yān ér hòu chén zhī
而王；桓公之于管仲，学焉而后臣之，

gù bù láo ér bà jīn tiān xià dì chǒu dé qí mò néng
故不劳而霸。今天下地丑①德齐，莫能

xiāng shàng wú tā hào chén qí suǒ jiào ér bú hào chén
相尚②。无他，好臣其所教，而不好臣

qí suǒ shòu jiào tāng zhī yú yī yǐn huán gōng zhī yú guǎn zhòng
其所受教。汤之于伊尹，桓公之于管仲，

zé bù gǎn zhào guǎn zhòng qiě yóu bù kě zhào ér kuàng bù wéi
则不敢召。管仲且犹不可召，而况不为

guǎn zhòng zhě hū
管仲者乎？”

sān

三

chén zhēn wèn yuē qián rì yú qí wáng kuì jiān jīn
陈臻③问曰："前日于齐，王馈兼金

yì bǎi ér bú shòu yú sòng kuì qī shí yì ér shòu yú
一百而不受；于宋，馈七十镒而受；于

xuē kuì wǔ shí yì ér shòu qián rì zhī bú shòu shì zé
薛，馈五十镒而受。前日之不受是，则

jīn rì zhī shòu fēi yě jīn rì zhī shòu shì zé qián rì zhī
今日之受非也；今日之受是，则前日之

①丑：类似。②尚：超过。③陈臻：孟子弟子。

不受非也。夫子必居一于此矣。"

孟子曰："皆是也。当在宋也，予将有远行。行者必以赆①，辞曰：'馈赆。'予何为不受？当在薛也，予有戒心。辞曰：'闻戒，故为兵馈之。'予何为不受？若于齐，则未有处②也。无处而馈之，是货③之也。焉有君子而可以货取乎？"

四

孟子之平陆。谓其大夫曰："子之持戟之士，一日而三失伍④，则去之否乎？"

①赆：临别时赠送的财物。②未有处：没有理由。③货：收买，贿赂。
④失伍：失职。

曰："不待三。"

"然则子之失伍也亦多矣。凶年饥岁，子之民，老羸转于沟壑，壮者散而之四方者，几千人矣。"

曰："此非距心①之所得为也。"

曰："今有受人之牛羊而为之牧之者，则必为之求牧与刍矣。求牧与刍而不得，则反诸其人乎？抑亦②立而视其死与？"

曰："此则距心之罪也。"

他日，见于王曰："王之为都者，臣知五人焉。知其罪者，惟孔距心。"为王诵③之。

①距心：即孔距心，平陆地方长官。②抑亦：还是。③诵：复述。

wáng yuē　　　　cǐ zé guǎ rén zhī zuì yě
王　曰：“此则寡人之罪也。”

wǔ
五

mèng zǐ wèi chí wā　　yuē　　zǐ zhī cí líng qiū ér qǐng
孟子谓蚔鼃①曰：“子之辞灵丘而请

shì shī　　sì yě　　wèi qí kě yǐ yán yě　　jīn jì shù
士师②，似也，为其可以言也。今既数

yuè yǐ　　wèi kě yǐ yán yú
月矣，未可以言与？”

chí wā jiàn yú wáng ér bú yòng　　zhì wéi chén ér qù
蚔鼃谏于王而不用，致③为臣而去。

qí rén yuē　　suǒ yǐ wèi chí wā　　zé shàn yǐ　　suǒ
齐人曰：“所以为蚔鼃，则善矣；所

yǐ zì wèi　　zé wú bù zhī yě
以自为，则吾不知也。”

gōng dū zǐ　　yǐ gào
公都子④以告。

yuē　　wú wén zhī yě　　yǒu guān shǒu zhě　　bù dé qí
曰：“吾闻之也：有官守者，不得其

zhí zé qù　　yǒu yán zé zhě　　bù dé qí yán zé qù　　wǒ
职则去；有言责者，不得其言则去。我

---

① 蚔鼃：齐国大夫。② 士师：古代执掌禁令刑狱的官员。③ 致：辞去。
④ 公都子：孟子弟子。

wú guān shǒu，wǒ wú yán zé yě，zé wú jìn tuì，qǐ bú

无官守，我无言责也，则吾进退，岂不

chuò chuò rán yǒu yú yù zāi

绰绰然有余裕哉？"

六 (liù)

mèng zǐ wéi qīng yú qí，chū diào yú téng，wáng shǐ gě①

孟子为卿于齐，出吊于滕，王使盖①

dà fū wáng huān②wéi fǔ xíng。wáng huān zhāo mù jiàn，fǎn qí

大夫王驩②为辅行。王驩朝暮见，反齐

téng zhī lù，wèi cháng yǔ zhī yán xíng shì yě。

滕之路，未尝与之言行事也。

gōng sūn chǒu yuē：qí qīng zhī wèi，bù wéi xiǎo yǐ；

公孙丑曰："齐卿之位，不为小矣；

qí téng zhī lù，bù wéi jìn yǐ。fǎn zhī ér wèi cháng yǔ

齐滕之路，不为近矣。反之而未尝与

yán xíng shì，hé yě

言行事，何也？"

yuē：fú jì huò③zhì zhī，yú hé yán zāi

曰："夫既或③治之，予何言哉？"

①盖：齐国邑名。②王驩：盖邑的地方长官，齐王宠臣。③或：语气助词，无义。

七 qī

孟子自齐葬于鲁，反于齐，止于嬴①。充虞②请曰：“前日不知虞之不肖，使虞敦③匠事。严④，虞不敢请。今愿窃有请也：木若以⑤美然。”

曰：“古者棺椁无度，中古棺七寸，椁称之。自天子达于庶人，非直为观美也，然后尽于人心。不得⑥，不可以为悦；无财，不可以为悦。得之为有财，古之人皆用之，吾何为独不然？且比⑦化者⑧，无使土亲肤，于人心独无恔⑨乎？吾

①嬴：齐国邑名。②充虞：孟子弟子。③敦：治理，管理。④严：急，忙。⑤以：太，甚。⑥不得：指为礼制所不允许。⑦比：保护。⑧化者：死者。⑨恔：满意。

wén zhī yě　　 jūn zǐ bù yǐ tiān xià jiǎn qí qīn
闻之也：君子不以天下俭其亲。"

bā
八

shěn tóng　　 yǐ qí sī wèn yuē　　　 yān kě fá yú
沈同①以其私问曰："燕可伐与？"

mèng zǐ yuē　　 kě　 zǐ kuài　　 bù dé yǔ rén yān
孟子曰："可。子哙②不得与人燕，

zǐ zhī　　 bù dé shòu yān yú zǐ kuài　　 yǒu shì　　 yú cǐ
子之③不得受燕于子哙。有仕④于此，

ér zǐ yuè zhī　　 bù gào yú wáng ér sī yǔ zhī wú zǐ zhī
而子悦之，不告于王而私与之吾子之

lù jué　　 fú shì yě　　 yì wú wáng mìng ér sī shòu zhī yú
禄爵；夫士也，亦无王命而私受之于

zǐ　 zé kě hū　 hé yǐ yì yú shì　　　 qí rén fá yān
子，则可乎？何以异于是？"齐人伐燕。

huò wèn yuē　　 quàn qí fá yān　 yǒu zhū
或问曰："劝齐伐燕，有诸？"

yuē　　 wèi yě　 shěn tóng wèn　　 yān kě fá yú　　　 wú
曰："未也。沈同问：'燕可伐与？'吾

yìng zhī yuē　　 kě　　 bǐ rán ér fá zhī yě　　 bǐ rú yuē
应之曰：'可。'彼然而伐之也。彼如曰：

①沈同：齐国大臣。②子哙：燕王哙。③子之：燕国权臣，燕王哙时为相国。④仕：同"士"。

'孰可以伐之？'则将应之曰：'为天吏，则可以伐之。'今有杀人者，或问之曰'人可杀与？'则将应之曰：'可。'彼如曰：'孰可以杀之？'则将应之曰：'为士师，则可以杀之。'今以燕伐燕，何为劝之哉？"

九

燕人畔。王曰："吾甚惭于孟子。"

陈贾①曰："王无患焉。王自以为与周公孰仁且智？"

王曰："恶！是何言也！"

曰："周公使管叔监殷，管叔以殷畔。知而使之，是不仁也；不知而使之，是不

---

① 陈贾：齐国大夫。

智也。仁智，周公未之尽也，而况于王乎？贾请见而解之。”

见孟子，问曰：“周公何人也？”

曰：“古圣人也。”

曰：“使管叔监殷，管叔以殷畔也。有诸？”

曰：“然。”

曰：“周公知其将畔而使之与？”

曰：“不知也。”

“然则圣人且有过与？”

曰：“周公，弟也；管叔，兄也。周公之过，不亦宜乎？且古之君子，过则改之；今之君子，过则顺①之。古之君

———

① 顺：放任。

子，其过也，如日月之食，民皆见之；及其更①也，民皆仰之。今之君子，岂徒顺之，又从为之辞②。"

十

孟子致为臣而归③。王就④见孟子，曰："前日愿见而不可得，得侍同朝，甚喜。今又弃寡人而归，不识可以继此而得见乎？"对曰："不敢请耳，固所愿也。"

他日，王谓时子⑤曰："我欲中国⑥而授孟子室，养弟子以万钟，使诸大夫国人皆有所矜式⑦。子盍为我言之？"

①更：改。②辞：辩解。③归：返回家乡。④就：去，前往。⑤时子：齐国大夫。⑥中国：国度中，指临淄城。⑦矜式：敬重和效法。

时子因陈子而以告孟子。陈子以时子之言告孟子。

孟子曰:"然。夫时子恶知其不可也?如使予欲富,辞十万而受万,是为欲富乎?季孙曰:'异哉子叔疑!使己为政,不用,则亦已矣,又使其子弟为卿。人亦孰不欲富贵?而独于富贵之中,有私龙断①焉。'古之为市也,以其所有易其所无者,有司者治之耳。有贱丈夫②焉,必求龙断而登之,以左右望而罔市利。人皆以为贱,故从而征之。征商,自此贱丈夫始矣。"

①龙断:即垄断,把持集市,牟取高利。②丈夫:古代对成年男子的通称。

十一

shí yī

孟子去齐，宿于昼。有欲为王留行者，坐而言。不应，隐①几而卧。

客不悦，曰："弟子齐宿②而后敢言，夫子卧而不听，请勿复敢见矣。"

曰："坐！我明语子。昔者鲁缪公无人乎子思之侧，则不能安子思；泄柳、申详③，无人乎缪公之侧，则不能安其身。子为长者虑，而不及子思，子绝长者乎？长者绝子乎？"

①隐：凭，靠。②齐宿：前一日斋戒。齐，同"斋"。③泄柳、申详：鲁穆公时的贤人。

shí èr
十二

mèng zǐ qù qí　　yǐn shì　 yù rén yuē　　 bù shí wáng
孟子去齐。尹士①语人曰："不识王

zhī bù kě yǐ wéi tāng wǔ　 zé shì bù míng yě　 shí qí bù
之不可以为汤武，则是不明也；识其不

kě　 rán qiě zhì　 zé shì gān zé　 yě　 qiān lǐ ér jiàn
可，然且至，则是干泽②也。千里而见

wáng　 bú yù gù qù　 sān sù ér hòu chū zhòu　 shì hé rú
王，不遇故去。三宿而后出昼，是何濡

zhì　 yě　 shì zé zī bú yuè
滞③也？士则兹不悦。"

gāo zǐ　 yǐ gào
高子④以告。

yuē　　 fú yǐn shì wū zhī yú zāi　 qiān lǐ ér jiàn wáng
曰："夫尹士恶知予哉？千里而见王，

shì yú suǒ yù yě　 bú yù gù qù　 qǐ yú suǒ yù zāi　 yú
是予所欲也；不遇故去，岂予所欲哉？予

bù dé yǐ yě　 yú sān sù ér chū zhòu　 yú yú xīn yóu yǐ
不得已也。予三宿而出昼，于予心犹以

wéi sù　 wáng shù jī gǎi zhī　 wáng rú gǎi zhū　 zé bì fǎn
为速。王庶几改之。王如改诸，则必反

①尹士：齐国人。②干泽：干，求。泽，俸禄。③濡滞：延迟，迟滞。
④高子：齐国人，孟子弟子。

予。夫出昼而王不予追也，予然后浩然有归志。予虽然，岂舍王哉？王由足用①为善。王如用予，则岂徒齐民安，天下之民举安。王庶几改之，予日望之。予岂若是小丈夫然哉？谏于其君而不受，则怒，悻悻然见于其面。去则穷日之力而后宿哉？"

尹士闻之，曰："士诚小人也。"

十三

孟子去齐。充虞②路问曰："夫子若有不豫③色然。前日虞闻诸夫子曰：'君

---

①足用：足以。②充虞：孟子弟子。③豫：快乐，愉快。

子不怨天，不尤人。'"

曰："彼一时，此一时也。五百年必有王者兴，其间必有名世者①。由周而来，七百有余岁矣。以其数则过矣，以其时考之则可矣。夫天未欲平治天下也，如欲平治天下，当今之世，舍我其谁也？吾何为不豫哉？"

十四

孟子去齐，居休②。公孙丑问曰："仕而不受禄，古之道乎？"

曰："非也。于崇③，吾得见王。退

①名世者：德业闻望可名于世的贤人。②休：地名。③崇：地名。

而有去志，不欲变，故不受也。继而有
师命①，不可以请。久于齐，非我志也。"

①师命：军令。

　　本部分共五章，主要记录了孟子与滕文公的交往以及孟子在滕国宣扬仁政的情况，涉及三年之丧、王道仁政以及井田制的构想等内容。第四、第五章分别记载孟子与农家陈相、墨家夷之的论辩。与陈相及其弟子论辩时，孟子批驳他们否定社会分工的主张，阐述了"劳心"与"劳力"的社会分工问题；与夷之辩论时，孟子批驳了墨家薄葬、兼爱的观点，重点阐述了儒家的仁爱思想。

yī
一

滕文公为世子，将之楚，过宋而见孟子。孟子道性善，言必称尧、舜。

世子自楚反，复见孟子。孟子曰："世子疑吾言乎？夫道一而已矣。成覸①谓齐景公曰：'彼丈夫也，我丈夫也，吾何畏彼哉？'颜渊曰：'舜何人也？予何人也？有为者亦若是。'公明仪②曰：'文王，我师也，周公岂欺我哉？'今滕，绝长补短，将五十里也，犹可以为善国。《书》曰：'若药不瞑眩③，厥疾不瘳④。'"

①成覸：齐国勇士。②公明仪：鲁国贤人。③瞑眩：头晕目眩。④瘳：痊愈。

èr
二

滕定公薨。世子谓然友①曰："昔者孟子尝与我言于宋，于心终不忘。今也不幸至于大故②，吾欲使子问于孟子，然后行事。"然友之邹，问于孟子。

孟子曰："不亦善乎！亲丧固所自尽③也。曾子曰：'生，事之以礼；死，葬之以礼，祭之以礼，可谓孝矣。'诸侯之礼，吾未之学也；虽然，吾尝闻之矣。三年之丧，齐疏之服④，飦粥⑤之食，自天子达于庶人，三代共之。"然友反命，定为三年之丧。

①然友：滕文公的老师。②大故：父母之丧。③自尽：尽自己的心力。④齐疏之服：用粗布做的缝边的丧服。⑤飦粥：飦，同"饘"，稠粥。粥：稀粥。

父兄百官皆不欲，曰："吾宗国鲁先君莫之行，吾先君亦莫之行也，至于子之身而反之，不可。且《志》曰：'丧祭从先祖。'曰：'吾有所受之也。'"

谓然友曰："吾他日未尝学问，好驰马试剑。今也父兄百官不我足①也，恐其不能尽于大事，子为我问孟子。"然友复之邹问孟子。

孟子曰："然。不可以他求者也。孔子曰：'君薨，听于冢宰②，歠③粥，面深墨，即位而哭，百官有司，莫敢不哀，先之也。'上有好者，下必有甚焉者矣。'君子之德，风也；小人之德，草也。草尚

---

① 足：满意。② 冢宰：百官之长，辅佐天子。③ 歠：饮，喝。

之风必偃。'是在世子。"然友反命。

世子曰:"然。是诚在我。"五月居庐,未有命戒。百官族人,可谓曰知。及至葬,四方来观之,颜色之戚,哭泣之哀,吊者大悦。

三

滕文公问为国。

孟子曰:"民事不可缓也。《诗》云:'昼尔于茅①,宵尔索绹②;亟其乘屋③,其始播百谷。'民之为道也,有恒产者有恒心,无恒产者无恒心。苟无恒心,放

①于茅:于,往,去。茅,取茅草。②索绹:制绳索。③乘屋:修建房屋。

辟邪侈，无不为已。及陷乎罪，然后从而刑之，是罔民①也。焉有仁人在位，罔民而可为也？是故贤君必恭俭礼下，取于民有制。阳虎曰：'为富不仁矣，为仁不富矣。'

"夏后氏五十而贡②，殷人七十而助③，周人百亩而彻，其实皆什一也。彻者，彻也；助者，藉也。龙子④曰：'治地莫善于助，莫不善于贡。'贡者，校⑤数岁之中以为常。乐岁，粒米狼戾⑥，多取之而不为虐，则寡取之；凶年，粪其田而不足，则必取盈焉。为民父母，使民盻盻然⑦，将终岁勤动，不得以养其父

---

① 罔民：陷害百姓。② 贡：实物税。③ 助：劳役税。④ 龙子：古代贤人。
⑤ 校：比较。⑥ 狼戾：散乱堆积。⑦ 盻盻然：勤劳辛苦的样子。

母，又称贷^①而益之。使老稚转乎沟壑，恶在其为民父母也？夫世禄，滕固行之矣。《诗》云：'雨我公田，遂及我私。'惟助为有公田。由此观之，虽周亦助也。

"设为庠、序、学、校以教之^②：庠者，养也；校者，教也；序者，射也。夏曰校，殷曰序，周曰庠，学则三代共之，皆所以明人伦也。人伦明于上，小民亲于下。有王者起，必来取法，是为王者师也。《诗》云：'周虽旧邦，其命惟新。'文王之谓也。子力行之，亦以新子之国。"

使毕战^③问井地。孟子曰："子之君将行仁政，选择而使子，子必勉之！

---

①称贷：借贷。②庠、序、学、校：均为古代学校名。③毕战：滕国大臣。

夫仁政，必自经界①始。经界不正，井地不钧②，谷禄不平。是故暴君污吏必慢其经界。经界既正，分田制禄，可坐而定也。夫滕，壤地褊小，将为君子焉，将为野人焉。无君子莫治野人，无野人莫养君子。请野九一而助，国中什一使自赋。卿以下必有圭田③，圭田五十亩。余夫二十五亩。死徙无出乡，乡田同井。出入相友，守望相助，疾病相扶持，则百姓亲睦。方里而井，井九百亩，其中为公田。八家皆私百亩，同养公田。公事毕，然后敢治私事，所以别野人也。此其大略也。若夫润泽之，

---

①经界：土地、疆域的分界。②钧：同"均"。③圭田：俸禄以外另授给官吏的田。

zé zài jūn yǔ zǐ yǐ
则在君与子矣。"

四 (sì)

yǒu wéi shén nóng zhī yán zhě xǔ xíng① zì chǔ zhī téng
有为神农之言者许行①，自楚之滕，

zhǒng mén ér gào wén gōng yuē yuǎn fāng zhī rén wén jūn xíng
踵②门而告文公曰："远方之人闻君行

rén zhèng yuàn shòu yì chán ér wéi méng
仁政，愿受一廛③而为氓。"

wén gōng yǔ zhī chù qí tú shù shí rén jiē yì hè④
文公与之处，其徒数十人，皆衣褐④，

kǔn jù zhī xí yǐ wéi shí
捆屦⑤、织席以为食。

chén liáng zhī tú chén xiāng yǔ qí dì xīn⑥ fù lěi sì⑦
陈良之徒陈相与其弟辛⑥，负耒耜⑦

ér zì sòng zhī téng yuē wén jūn xíng shèng rén zhī zhèng
而自宋之滕，曰："闻君行圣人之政，

shì yì shèng rén yě yuàn wéi shèng rén méng
是亦圣人也，愿为圣人氓。"

①神农之言者许行：神农，上古传说中发明耒耜，教民稼穑的人物，农家托为宗师。神农之言，指农家学说。许行，战国时农家学派的代表人物。②踵：至，到。③廛：住房。④褐：麻制的短衣。⑤屦：草鞋。⑥陈良：楚国的儒者。⑦耒耜：古代一种像犁的翻土农具。耒为其柄，耜为其刃。

chén xiāng jiàn xǔ xíng ér dà yuè　jìn qì qí xué ér xué yān
陈 相 见 许 行 而 大 悦，尽 弃 其 学 而 学 焉。

chén xiāng jiàn mèng zǐ　dào xǔ xíng zhī yán yuē　téng
陈 相 见 孟 子，道 许 行 之 言 曰："滕

jūn　zé chéng xián jūn yě　suī rán　wèi wén dào yě　xián
君，则 诚 贤 君 也。虽 然，未 闻 道 也。贤

zhě yǔ mín bìng gēng ér shí　yōng sūn① ér zhì　jīn yě téng
者 与 民 并 耕 而 食，饔 飧① 而 治。今 也 滕

yǒu cāng lǐn fǔ kù　zé shì lì② mín ér yǐ zì yǎng yě
有 仓 廪 府 库，则 是 厉② 民 而 以 自 养 也，

wū dé xián
恶 得 贤？"

mèng zǐ yuē　xǔ zǐ bì zhòng sù ér hòu shí hū
孟 子 曰："许 子 必 种 粟 而 后 食 乎？"

yuē　rán
曰："然。"

xǔ zǐ bì zhī bù ér hòu yì hū
"许 子 必 织 布 而 后 衣 乎？"

yuē　fǒu　xǔ zǐ yì hè
曰："否。许 子 衣 褐。"

xǔ zǐ guàn hū
"许 子 冠 乎？"

yuē　guàn
曰："冠。"

yuē　xī guàn
曰："奚 冠？"

①饔飧：做饭。饔，早餐。飧，晚餐。②厉：害。

曰：“冠素。”

曰：“自织之与？”

曰：“否。以粟易之。”

曰：“许子奚为不自织？”

曰：“害于耕。”

曰：“许子以釜甑爨①，以铁耕乎？”

曰：“然。”

“自为之与？”

曰：“否。以粟易之。”

“以粟易械器者，不为厉陶冶②；陶冶亦以其械器易粟者，岂为厉农夫哉？且许子何不为陶冶，舍③皆取诸其宫中④而用之？何为纷纷⑤然与百工交易？何许

① 甑爨：甑，古代做饭用的陶器。爨，烧火做饭。② 陶冶：陶工和铸工。
③ 舍：止，不肯。④ 宫中：家中。⑤ 纷纷：繁忙的样子。

子之不惮烦？"

曰："百工之事，固不可耕且为也。"

"然则治天下独可耕且为与？有大人之事，有小人之事。且一人之身，而百工之所为备。如必自为而后用之，是率天下而路也。故曰：或劳心，或劳力；劳心者治人，劳力者治于人；治于人者食人，治人者食于人。天下之通义也。

"当尧之时，天下犹未平，洪水横流，汎①滥于天下。草木畅茂，禽兽繁殖，五谷不登，禽兽偪人，兽蹄鸟迹之道交于中国。尧独忧之，举舜而敷②治焉。舜使益③掌火，益烈山泽而焚之，禽

---

① 汎：同"泛"。② 敷：遍。③ 益：舜之臣。

兽逃匿。禹疏九河，瀹①济、漯而注诸海；决汝、汉，排淮、泗，而注之江，然后中国可得而食也。当是时也，禹八年于外，三过其门而不入，虽欲耕，得乎？

"后稷②教民稼穑，树艺五谷，五谷熟而民人育。人之有道也，饱食、暖衣、逸居而无教，则近于禽兽。圣人有忧之，使契③为司徒，教以人伦：父子有亲，君臣有义，夫妇有别，长幼有序，朋友有信。放勋④曰：'劳之来之⑤，匡之直之，辅之翼之，使自得之，又从而振德之。'圣人之忧民如此，而暇耕乎？

① 瀹：疏导。② 后稷：周的始祖，名弃。善于稼穑，曾在尧舜时代做农官，教民耕种。③ 契：商的始祖，舜时助禹治水有功而封于商。④ 放勋：尧的名号。⑤ 劳之来之：使他们勤劳。

"尧以不得舜为己忧，舜以不得禹、皋陶①为己忧。夫以百亩之不易②为己忧者，农夫也。分人以财谓之惠，教人以善谓之忠，为天下得人者谓之仁。是故以天下与人易，为天下得人难。孔子曰：'大哉尧之为君！惟天为大，惟尧则之，荡荡乎民无能名焉！君哉舜也！巍巍乎有天下而不与焉！'尧、舜之治天下，岂无所用其心哉？亦不用于耕耳。

"吾闻用夏变夷者，未闻变于夷者也。陈良，楚产也，悦周公、仲尼之道，北学于中国。北方之学者，未能或之先也。彼所谓豪杰之士也。子之兄弟事

---

①皋陶：舜时的司法官。②易：治。

之数十年，师死而遂倍①之。昔者孔子没，三年之外，门人治任将归，入揖于子贡，相向而哭，皆失声，然后归。子贡反，筑室于场，独居三年，然后归。他日，子夏、子张、子游以有若似圣人，欲以所事孔子事之，强曾子。曾子曰：'不可。江汉以濯②之，秋阳以暴之③，皜皜④乎不可尚已。'今也南蛮𫼡舌⑤之人，非先王之道，子倍子之师而学之，亦异于曾子矣。吾闻出于幽谷迁于乔木者，未闻下乔木而入于幽谷者。《鲁颂》曰：'戎狄是膺⑥，荆舒是惩⑦。'周公方且膺之，子是之学，亦为不善变矣。"

①倍：同"背"，背叛。②濯：洗涤。③秋阳以暴之：秋，周历七、八月相当于夏历五、六月。秋阳至正当盛暑。暴，同"曝"，晒。④皜皜：光明洁白的样子。⑤𫼡舌：比喻语言难懂。⑥膺：击退。⑦荆舒是惩：荆舒，南方少数民族。惩，抵御。

cóng xǔ zǐ zhī dào　　zé shì jià① bú èr　　guó zhōng
"从 许 子 之 道 ，则 市 贾① 不 贰 ，国 中

wú wěi　　suī shǐ wǔ chǐ zhī tóng shì shì　　mò zhī huò qī
无 伪 。虽 使 五 尺 之 童 适 市 ，莫 之 或 欺 。

bù bó cháng duǎn tóng　　zé jià xiāng ruò　　má lǚ sī xù qīng
布 帛 长 短 同 ，则 贾 相 若 ；麻 缕 丝 絮 轻

zhòng tóng　　zé jià xiāng ruò　　wǔ gǔ duō guǎ tóng　　zé jià
重 同 ，则 贾 相 若 ；五 谷 多 寡 同 ，则 贾

xiāng ruò　　jù dà xiǎo tóng　　zé jià xiāng ruò
相 若 ；屦 大 小 同 ，则 贾 相 若 。"

yuē　　fú wù zhī bù qí　　wù zhī qíng yě　　huò xiāng
曰 ："夫 物 之 不 齐 ，物 之 情 也 。或 相

bèi xǐ②　　huò xiāng shí bǎi　　huò xiāng qiān wàn　　zǐ bǐ ér
倍 蓰② ，或 相 什 百 ，或 相 千 万 。子 比 而

tóng zhī　　shì luàn tiān xià yě　　jù jù xiǎo jù tóng jià　　rén
同 之 ，是 乱 天 下 也 。巨 屦 小 屦 同 贾 ，人

qǐ wéi zhī zāi　　cóng xǔ zǐ zhī dào　　xiāng shuài ér wéi wěi
岂 为 之 哉 ？从 许 子 之 道 ，相 率 而 为 伪

zhě yě　　wū néng zhì guó jiā
者 也 ，恶 能 治 国 家 ？"

五

mò zhě yí zhī③　　yīn xú bì④　　ér qiú jiàn mèng zǐ
墨 者 夷 之③ ，因 徐 辟④ 而 求 见 孟 子 。

---

①市贾：市场价格。②倍蓰：倍，一倍；蓰，五倍。③墨者夷之：墨者，指墨翟门徒。夷之，人名，姓夷名之。④徐辟：孟子弟子。

孟子曰："吾固愿见，今吾尚病，病愈，我且往见，夷子不来！"

他日，又求见孟子。孟子曰："吾今则可以见矣。不直①，则道不见，我且直之。吾闻夷子墨者，墨之治丧也，以薄为其道也。夷子思以易天下，岂以为非是而不贵也？然而夷子葬其亲厚，则是以所贱事亲也。"

徐子以告夷子。

夷子曰："儒者之道，古之人'若保赤子'，此言何谓也？之则以为爱无差等，施由亲始。"

徐子以告孟子。

---

① 直：指说话直率。

孟子曰："夫夷子，信以为人之亲其兄之子，为若亲其邻之赤子乎？彼有取尔也。赤子匍匐将入井，非赤子之罪也。且天之生物也，使之一本①，而夷子二本②故也。盖上世尝有不葬其亲者。其亲死，则举而委之于壑。他日过之，狐狸食之，蝇蚋姑嘬之③。其颡有泚④，睨⑤而不视。夫泚也，非为人泚，中心达⑥于面目。盖归反虆梩⑦而掩之。掩之诚是也，则孝子仁人之掩其亲，亦必有道矣。"

①一本：孟子认为人都是父母所生，这是天所指定的唯一根源。②二本：墨家主张爱无差等，把父母与陌生人等同起来，故称为"二本"。③蝇蚋姑嘬之：蚋，蚊子。姑嘬，用嘴吸吮。④颡有泚：颡，额头。泚，冒汗。⑤睨：斜目。⑥达：表露，表达。⑦盖归反虆梩：反，同"返"。虆，藤，指藤制的筐子，盛土用。梩，锹、畚之类的农具。

徐子以告夷子。夷子怃然①为间②

曰："命之③矣。"

.

　　本部分共十章，主要是孟子与弟子及时人的对话，内容涉及出仕之道，"大丈夫"人格，批判杨朱、墨翟之论等。孟子认为，士人出仕是情理之中的事，但要有正当途径，有基本的节操和尊严，不可逢迎权贵。士人出仕首先要自己行得端、站得正，然后才能影响到别人。在他看来，真正的大丈夫应以"仁"为"广居"，以"义"为正路，富贵不淫，贫贱不移，威武不屈，具有高尚的道德品质和崇高的精神境界。孟子提倡的"大丈夫"人格，深刻影响了中国古代知识分子，成为中华民族宝贵的精神财富。

yī
一

陈代①曰："不见诸侯，宜若②小然；今一见之，大则以王，小则以霸。且《志》曰：'枉尺而直寻。'宜若可为也。"

孟子曰："昔齐景公田，招虞人③以旌④，不至，将杀之。志士不忘在沟壑，勇士不忘丧其元。孔子奚取焉？取非其招不往也。如不待其招而往，何哉？且夫枉尺而直寻者，以利言也。如以利，则枉寻直尺而利，亦可为与？昔者赵简子使王良与嬖奚乘⑤，终日而不获一禽。嬖奚

①陈代：孟子弟子。②宜若：似乎，好像。③虞人：古代掌山泽苑囿之官。④旌：古代用牦牛尾或兼五彩羽毛饰竿头的旗子。古代君王有所召唤，一定要有相应的信物。所召唤者身份不同，出示的信物也不相同。旌是召唤大夫所用，若是召唤虞人，应用皮冠。⑤赵简子使王良与嬖奚乘：赵简子，晋国大夫，名赵鞅。王良，春秋末年善于驾车的人。奚，人名。

反命曰：'天下之贱工也。'或以告王良。良曰：'请复之。'强而后可，一朝而获十禽。嬖奚反命曰：'天下之良工也。'简子曰：'我使掌与女乘。'谓王良。良不可，曰：'吾为之范我驰驱，终日不获一；为之诡遇①，一朝而获十。《诗》云："不失其驰，舍矢如破。"我不贯与小人乘，请辞。'御者且羞与射者比。比而得禽兽，虽若丘陵，弗为也。如枉道而从彼，何也？且子过矣，枉己者，未有能直人者也。"

---

① 诡遇：不依法度驾御。

èr

二

景春①曰：“公孙衍、张仪②岂不诚大丈夫哉？一怒而诸侯惧，安居而天下熄③。”

孟子曰：“是焉得为大丈夫乎？子未学礼乎？丈夫之冠也，父命之；女子之嫁也，母命之，往送之门，戒之曰：‘往之女家，必敬必戒，无违夫子！’以顺为正者，妾妇之道也。居天下之广居，立天下之正位，行天下之大道。得志，与民由之；不得志，独行其道。富贵不能淫④，贫贱不能移，威武不能屈。此之谓大丈夫。”

①景春：纵横家。②公孙衍、张仪：公孙衍，魏国人，号犀首，说客。张仪，魏国人，纵横家，主张“连横”。③熄：指天下太平。④淫：过分，指态度傲慢。

sān
三

周霄^①问曰："古之君子仕乎？"

孟子曰："仕。《传》曰：'孔子三月无君，则皇皇^②如也，出疆必载质^③。'公明仪曰：'古之人三月无君则吊。'"

"三月无君则吊，不以急乎？"

曰："士之失位也，犹诸侯之失国家也。《礼》曰：'诸侯耕助^④，以供粢盛^⑤；夫人蚕缫，以为衣服。牺牲不成，粢盛不洁，衣服不备，不敢以祭。惟士无田，则亦不祭。'牺杀、器皿、衣服不备，不

①周霄：魏国人。②皇皇：彷徨不安。③质：通"贽"，古代初次拜见尊长所送的礼物。④耕助：即"耕藉"。古时每年春耕前，天子、诸侯举行仪式，亲耕藉田，种植供祭祀用的谷物，并以示劝农。⑤粢盛：盛在祭器内以供祭祀的谷物。

敢以祭，则不敢以宴，亦不足吊乎？"

"出疆必载质，何也？"

曰："士之仕也，犹农夫之耕也，农夫岂为出疆舍其耒耜哉？"

曰："晋国亦仕国也，未尝闻仕如此其急。仕如此其急也，君子之难仕，何也？"

曰："丈夫生而愿为之有室，女子生而愿为之有家。父母之心，人皆有之。不待父母之命、媒妁之言，钻穴隙相窥，逾墙相从，则父母国人皆贱之。古之人未尝不欲仕也，又恶不由其道。不由其道而往者，与钻穴隙之类也。"

sì
四

péng gēng wèn yuē hòu jū shù shí shèng cóng zhě shù
彭 更① 问 曰："后 车 数 十 乘 ，从 者 数

bǎi rén yǐ zhuǎn shí yú zhū hóu bù yǐ tài hū
百 人 ，以 传 食② 于 诸 侯 ，不 以 泰 乎 ？"

mèng zǐ yuē fēi qí dào zé yì dān shí bù kě
孟 子 曰："非 其 道 ，则 一 箪 食 不 可

shòu yú rén rú qí dào zé shùn shòu yáo zhī tiān xià bù
受 于 人 ；如 其 道 ，则 舜 受 尧 之 天 下 ，不

yǐ wéi tài zǐ yǐ wéi tài hū
以 为 泰 。子 以 为 泰 乎 ？"

yuē fǒu shì wú shì ér shí bù kě yě
曰："否 。士 无 事 而 食 ，不 可 也 。"

yuē zǐ bù tōng gōng yì shì yǐ xiàn bǔ bù zú
曰："子 不 通 功 易 事 ，以 羡③ 补 不 足 ，

zé nóng yǒu yú sù nǚ yǒu yú bù zǐ rú tōng zhī zé zǐ
则 农 有 余 粟 ，女 有 余 布 ；子 如 通 之 ，则 梓

jiàng lún yú jiē dé shí yú zǐ yú cǐ yǒu rén yān rù
匠④ 轮 舆⑤ 皆 得 食 于 子 。于 此 有 人 焉 ，入

zé xiào chū zé tì shǒu xiān wáng zhī dào yǐ dài hòu zhī
则 孝 ，出 则 悌 ，守 先 王 之 道 ，以 待 后 之

①彭更：孟子弟子。②传食：辗转受人供养。③羡：多余。④梓匠：木工。
⑤轮舆：车工。

学者，而不得食于子。子何尊梓匠轮舆而轻为仁义者哉？"

曰："梓匠轮舆，其志将以求食也；君子之为道也，其志亦将以求食与？"

曰："子何以其志为哉？其有功于子，可食而食之矣。且子食志乎？食功乎？"

曰："食志。"

曰："有人于此，毁瓦画墁①，其志将以求食也，则子食之乎？"

曰："否。"

曰："然则子非食志也，食功也。"

①墁：墙壁上的涂饰。

五

万 章^① 问 曰："宋，小 国 也。今 将 行
王 政，齐、楚 恶 而 伐 之，则 如 之 何？"

孟 子 曰："汤 居 亳^②，与 葛 为 邻，葛
伯 放^③ 而 不 祀。汤 使 人 问 之 曰：'何 为 不
祀？'曰：'无 以 供 牺 牲 也。'汤 使 遗 之
牛 羊。葛 伯 食 之，又 不 以 祀。汤 又 使 人
问 之 曰：'何 为 不 祀？'曰：'无 以 供 粢
盛 也。'汤 使 亳 众 往 为 之 耕，老 弱 馈
食。葛 伯 率 其 民，要 其 有 酒 食 黍 稻 者 夺
之，不 授 者 杀 之。有 童 子 以 黍 肉 饷，杀
而 夺 之。《书》曰：'葛 伯 仇 饷^④。'此 之

---

①万章：孟子弟子。②亳：商汤的都城。③放：放纵。④饷：指馈食之人。

谓也。为其杀是童子而征之，四海之内
皆曰：'非富天下也，为匹夫匹妇复仇
也。''汤始征，自葛载①'，十一征而无
敌于天下。东面而征，西夷怨；南面而
征，北狄怨，曰：'奚为后我？'民之
望之，若大旱之望雨也。归市者弗
止，芸者不变，诛其君，吊其民，如时
雨降。民大悦。《书》曰：'徯我后，后
来其无罚。''有攸不惟臣，东征，绥厥
士女，匪厥玄黄，绍我周王见休，惟臣
附于大邑周。'其君子实玄黄于匪以迎
其君子，其小人箪食壶浆以迎其小人，
救民于水火之中，取其残而已矣。《太

①载：开始。

116

誓》曰：'我武惟扬，侵于之疆，则取于残，杀伐用张①，于汤有光。'不行王政云尔，苟行王政，四海之内皆举首而望之，欲以为君。齐、楚虽大，何畏焉？"

六

孟子谓戴不胜②曰："子欲子之王之善与？我明告子。有楚大夫于此，欲其子之齐语也，则使齐人傅诸？使楚人傅诸？"

曰："使齐人傅之。"

曰："一齐人傅之，众楚人咻③之，

---

①用张：因此得以伸张。②戴不胜：宋国大夫。③咻：喧嚷，扰乱。

suī rì tà ér qiú qí qí yě　bù kě dé yǐ　yǐn ér zhì
虽日挞而求其齐也，不可得矣；引而置

zhī zhuāng yuè　zhī jiān shù nián　suī rì tà ér qiú qí chǔ
之庄岳①之间数年，虽日挞而求其楚，

yì bù kě dé yǐ　zǐ wèi xuē jū zhōu　shàn shì yě　shǐ
亦不可得矣。子谓薛居州②，善士也，使

zhī jū yú wáng suǒ　zài yú wáng suǒ zhě　zhǎng yòu bēi zūn
之居于王所。在于王所者，长幼卑尊，

jiē xuē jū zhōu yě　wáng shuí yǔ wéi bú shàn　zài wáng suǒ
皆薛居州也，王谁与为不善？在王所

zhě　zhǎng yòu bēi zūn　jiē fēi xuē jū zhōu yě　wáng shuí yǔ
者，长幼卑尊，皆非薛居州也，王谁与

wéi shàn　yì xuē jū zhōu　dú rú sòng wáng hé
为善？一薛居州，独如宋王何？”

qī
七

gōng sūn chǒu wèn yuē　　bú jiàn zhū hóu hé yì
公孙丑问曰："不见诸侯何义？"

mèng zǐ yuē　　gǔ zhě bù wéi chén bú jiàn　duàn gān
孟子曰："古者不为臣不见。段干

mù　yú yuán ér bì zhī　xiè liǔ　bì mén ér bú nà
木③逾垣而辟之，泄柳④闭门而不内，

①庄岳：庄，齐都临淄城内街名。岳，齐都临淄城内里名。②薛居州：宋
大夫。③段干木：春秋时期晋国人，魏文侯时的贤者，守道不仕。④泄柳：春秋
时期鲁国人，鲁穆公时的贤者。

是皆已甚。迫，斯可以见矣。阳货欲见孔子而恶无礼，大夫有赐于士，不得受于其家，则往拜其门。阳货瞰①孔子之亡也，而馈孔子蒸豚；孔子亦瞰其亡也，而往拜之。当是时，阳货先，岂得不见？曾子曰：'胁肩谄笑，病于夏畦②。'子路曰：'未同而言，观其色赧赧然，非由之所知也。'由是观之，则君子之所养可知已矣。"

bā

八

戴盈之③曰："什一，去关市之征，

---

①瞰：窥视。②畦：田园。这里指在田地里劳动。③戴盈之：宋国大夫。

今兹①未能。请轻之，以待来年，然后已，何如？"

孟子曰："今有人日攘②其邻之鸡者，或告之曰：'是非君子之道。'曰：'请损之，月攘一鸡，以待来年，然后已。'如知其非义，斯③速已矣，何待来年。"

九

公都子④曰："外人皆称夫子好辩，敢问何也？"

孟子曰："予岂好辩哉？予不得已也。天下之生久矣，一治一乱。当尧之

①兹：年。②攘：盗窃。③斯：则，乃。④公都子：孟子弟子。

时，水逆行，泛滥于中国。蛇龙居之，民无所定。下者为巢，上者为营窟。《书》曰：'洚水警余。'洚水者，洪水也。使禹治之。禹掘地而注之海，驱蛇龙而放之菹①，水由地中行，江、淮、河、汉是也。险阻既远，鸟兽之害人者消，然后人得平土而居之。

"尧、舜既没，圣人之道衰。暴君代作，坏宫室以为污池②，民无所安息；弃田以为园囿，使民不得衣食。邪说暴行又作，园囿、污池、沛泽多而禽兽至。及纣之身，天下又大乱。周公相武王诛纣，伐奄三年讨其君，驱飞廉③于海

---

①菹：水草丛生的沼泽地。②洿池：停积不流的水塘。③飞廉：传说中善于奔跑的人，纣王之臣。

隅而戮之。灭国者五十，驱虎、豹、犀、象而远之。天下大悦。《书》曰：'丕①显哉，文王谟②！丕承哉，武王烈！佑启我后人，咸以正无缺。'

"世衰道微，邪说暴行有③作，臣弑其君者有之，子弑其父者有之。孔子惧，作《春秋》。《春秋》，天子之事也。是故孔子曰：'知我者其惟《春秋》乎！罪我者其惟《春秋》乎！'

"圣王不作，诸侯放恣，处士④横议，杨朱、墨翟⑤之言盈天下。天下之言，不归杨，则归墨。杨氏为我，是无君也；墨氏兼爱，是无父也。无父无君，是禽兽

①丕：大。②谟：计谋，谋略。③有：通"又"。④处士：有才学而隐居不做官的人。⑤杨朱、墨翟：杨朱，战国时期魏国人，早期道家人物。墨翟，战国时期鲁国人，一说宋国人，墨家创始人。

也。公明仪曰：'庖有肥肉，厩有肥马，民有饥色，野有饿莩①，此率兽而食人也。'杨墨之道不息，孔子之道不著，是邪说诬民，充塞仁义也。仁义充塞，则率兽食人，人将相食。吾为此惧。闲②先圣之道，距杨墨，放淫辞，邪说者不得作。作于其心，害于其事，作于其事，害于其政。圣人复起，不易吾言矣。

"昔者禹抑洪水而天下平，周公兼夷狄、驱猛兽而百姓宁，孔子成《春秋》而乱臣贼子惧。《诗》云：'戎狄是膺，荆舒是惩，则莫我敢承③。'无父无君，是周公所膺也。我亦欲正人心，息邪

①莩：同"殍"，饿死。②闲：捍卫。③承：抵御。

说，距诐行^①，放淫辞，以承三圣者。
岂好辩哉？予不得已也。能言距杨墨者，
圣人之徒也。"

说，距诐行[1]，放淫辞，以承三圣者。
岂好辩哉？予不得已也。能言距杨墨者，
圣人之徒也。"

十

匡章[2]曰："陈仲子[3]岂不诚廉士
哉？居於陵[4]，三日不食，耳无闻，目无
见也。井上有李，螬[5]食实者过半矣，
匍匐往将[6]食之，三咽，然后耳有闻，
目有见。"

孟子曰："于齐国之士，吾必以仲
子为巨擘[7]焉。虽然，仲子恶能廉？充

---

① 诐行：邪行。② 匡章：齐国名将。③ 陈仲子：齐国人，以廉名于世。
④ 於陵：齐国地名。⑤ 螬：即蛴螬，金龟子的幼虫。⑥ 将：拿，取。⑦ 巨擘：
大拇指。

仲子之操，则蚓而后可者也。夫蚓，上食槁壤，下饮黄泉①。仲子所居之室，伯夷之所筑与？抑亦盗跖之所筑与？所食之粟，伯夷之所树与？抑亦盗跖之所树与？是未可知也。"

曰："是何伤哉？彼身织屦，妻辟纑②，以易之也。"

曰："仲子，齐之世家也。兄戴，盖③禄万钟。以兄之禄为不义之禄而不食也，以兄之室为不义之室而不居也，辟兄离母，处于於陵。他日归，则有馈其兄生鹅者，己频顣④曰：'恶用是鶂鶂⑤者为哉？'他日，其母杀是鹅也，与之

①黄泉：地下的泉水。②辟纑：辟，织麻。纑，练麻。③盖：齐国地名。④频顣：皱眉。⑤鶂鶂：鹅叫声。

食之。其兄自外至，曰：'是鶂鶂之肉也。'出而哇之。以母则不食，以妻则食之；以兄之室则弗居，以於陵则居之。是尚为能充其类也乎？若仲子者，蚓而后充其操者也。"

离娄上

　　本部分共二十八章，以孟子的语录为主，内容包括"善"与"法"的关系（第一、第二章）、"经""权"关系（第十七章）、"易子而教"（第十八章）等诸多方面。孟子认为，修身重在"诚"，要发挥人本来的善端（第十二章）；齐家重在"孝"，既要守护自身，还要"养志"，尊重父母的意志和意愿，而不能仅仅满足于"口体"之养（第十九章）；治国重在行仁政，夏、商、周三代的得失天下都是由于仁或不仁，得民心者得天下，失民心者失天下，仁者无敌，仁者必能统一天下（第三、第九、第十三章）。

yī
一

孟子曰："离娄①之明，公输子②之巧，不以规矩，不能成方员；师旷③之聪，不以六律④，不能正五音⑤；尧舜之道，不以仁政，不能平治天下。今有仁心仁闻⑥而民不被其泽，不可法于后世者，不行先王之道也。故曰，徒善不足以为政，徒法不能以自行。《诗》云：'不愆不忘⑦，率由旧章⑧。'遵先王之法而过者，未之有也。圣人既竭目力焉，继之以规矩准绳⑨，以为方员平直，不可胜用

①离娄：相传为黄帝时人，视力极强。②公输子：即公输班，春秋末年鲁国人，是古代著名的建筑工匠。③师旷：春秋时晋平公的乐师，善于辨音。④六律：大蔟、姑洗、蕤宾、夷则、无射、黄钟。⑤五音：即宫、商、角、徵、羽。⑥闻：名声。⑦不愆不忘：愆，过失。忘，指疏漏。⑧率由旧章：率，遵循。旧章，先王的法度。⑨准绳：测定平直的器具。准，测定平面的水准器；绳，量直线的墨线。

也；既竭耳力焉，继之以六律、正五音，不可胜用也；既竭心思焉，继之以不忍人之政，而仁覆天下矣。故曰，为高必因丘陵，为下必因川泽，为政不因先王之道，可谓智乎？是以惟仁者宜在高位。不仁而在高位，是播其恶于众也。上无道揆①也，下无法守也。朝不信道，工不信度，君子犯义，小人犯刑，国之所存者幸也。故曰：城郭不完②，兵甲不多，非国之灾也；田野不辟，货财不聚，非国之害也。上无礼，下无学，贼民兴，丧无日矣。《诗》曰：'天之方蹶③，无然泄泄④。'泄泄，犹沓沓也。事君无义，进退无礼，

---

①道揆：准则。②完：牢固。③蹶：动。④泄泄：多嘴多舌。

言则非先王之道者，犹沓沓也。故曰：责难于君谓之恭，陈善闭邪谓之敬，吾君不能谓之贼。"

二

孟子曰："规矩，方员之至也；圣人，人伦之至也。欲为君尽君道，欲为臣尽臣道，二者皆法尧、舜而已矣。不以舜之所以事尧事君，不敬其君者也；不以尧之所以治民治民，贼其民者也。孔子曰：'道二：仁与不仁而已矣。'暴①其民甚，则身弑国亡；不甚，则身危国削。名之

---

① 暴：欺凌。

曰'幽、厉'①，虽孝子慈孙，百世不能改也。《诗》云'殷鉴不远，在夏后②之世'，此之谓也。"

三

孟子曰："三代之得天下也以仁，其失天下也以不仁。国之所以废兴存亡者亦然。天子不仁，不保四海；诸侯不仁，不保社稷③；卿大夫不仁，不保宗庙④；士庶人不仁，不保四体。今恶死亡而乐不仁，是犹恶醉而强⑤酒。"

①幽、厉：指周幽王、周厉王，皆恶谥号。②夏后：指夏桀。③社稷：土神和谷神，指代国家。④宗庙：祭祀祖先之处。这里指代卿大夫的采邑。⑤强：勉强。

四 sì

mèng zǐ yuē　　ài rén bù qīn fǎn qí rén　　zhì rén bú

孟子曰："爱人不亲反其仁，治人不

zhì fǎn qí zhì　　lǐ rén bù dá fǎn qí jìng　　xíng yǒu bù dé

治反其智，礼人不答反其敬。行有不得

zhě　　jiē fǎn qiú zhū jǐ　　qí shēn zhèng ér tiān xià guī zhī

者，皆反求诸己，其身正而天下归之。

shī yún　　　yǒng yán pèi mìng　　zì qiú duō fú

《诗》云：'永言配命，自求多福。'"

五 wǔ

mèng zǐ yuē　　　rén yǒu héng yán　　jiē yuē tiān xià guó

孟子曰："人有恒言，皆曰'天下国

jiā　　tiān xià zhī běn zài guó　　guó zhī běn zài jiā　　jiā

家'。天下之本在国，国之本在家，家

zhī běn zài shēn

之本在身。"

六

孟子曰："为政不难，不得罪于巨室①。巨室之所慕，一国慕之；一国之所慕，天下慕之；故沛②然德教溢乎四海。"

七

孟子曰："天下有道，小德役大德，小贤役大贤；天下无道，小役大，弱役强。斯二者天也。顺天者存，逆天者亡。齐景公曰：'既不能令，又不受命，是绝物

①巨室：世家望族，这里指贤明的卿大夫。②沛：大。

也。'涕出而女于吴①。今也小国师大国而耻受命焉，是犹弟子而耻受命于先师也。如耻之，莫若师文王。师文王，大国五年，小国七年，必为政于天下矣。《诗》云：'商之孙子，其丽不亿②。上帝既命，侯于周服。侯服于周③，天命靡常。殷士肤敏④，裸将于京⑤。'孔子曰：'仁不可为众也。夫国君好仁，天下无敌。'今也欲无敌于天下而不以仁，是犹执热⑥而不以濯⑦也。《诗》云：'谁能执热，逝⑧不以濯？'"

---

①涕出而女于吴：齐景公把女儿嫁给吴王阖闾，齐景公虽以之为耻，但迫于吴国国力强大，不得不这样做。②其丽不亿：丽，数。亿，周代以十万为亿。③侯服于周：乃臣服于周。侯，乃。④肤敏：美丽而敏捷。⑤裸将："将裸"的倒文。裸，古代酌酒灌地的祭礼，把郁鬯酒浇在地上以迎接鬼神。将：助。⑥执热：消除炎热。⑦濯：洗涤。⑧逝：发语词。

八

孟子曰："不仁者可与言哉？安其危而利其菑①，乐其所以亡者。不仁而可与言，则何亡国败家之有？有孺子歌曰：'沧浪②之水清兮，可以濯我缨③；沧浪之水浊兮，可以濯我足。'孔子曰：'小子听之！清斯濯缨，浊斯濯足矣，自取之也。'夫人必自侮，然后人侮之；家必自毁，而后人毁之；国必自伐，而后人伐之。《太甲》曰：'天作孽，犹可违；自作孽，不可活。'此之谓也。"

---

①菑：同"灾"。②沧浪：水名，汉水支流。③缨：系帽子的丝带。

九

jiǔ

孟子曰："桀纣之失天下也，失其民也；失其民者，失其心也。得天下有道：得其民，斯得天下矣。得其民有道：得其心，斯得民矣。得其心有道：所欲与之聚之，所恶勿施尔也。民之归仁也，犹水之就下、兽之走圹①也。故为渊驱鱼者，獭也；为丛驱爵②者，鹯③也；为汤武驱民者，桀与纣也。今天下之君有好仁者，则诸侯皆为之驱矣。虽欲无王，不可得已。今之欲王者，犹七年之病求三年之艾也。苟为不畜，终身不得。苟不志于

---

①圹：同"旷"，旷野。②爵：同"雀"。③鹯：鹞类猛禽。

rén zhōng shēn yōu rǔ　　yǐ xiàn yú sǐ wáng　　shī yún　　qí

仁，终身忧辱，以陷于死亡。《诗》云：'其

hé néng shū　　zài xū jí nì　　cǐ zhī wèi yě

何能淑①，载胥及溺②。'此之谓也。"

shí

十

mèng zǐ yuē　　zì bào zhě　　bù kě yǔ yǒu yán yě

孟子曰："自暴者，不可与有言也；

zì qì zhě　　bù kě yǔ yǒu wéi yě　　yán fēi lǐ yì　　wèi

自弃者，不可与有为也。言非礼义，谓

zhī zì bào yě　　wú shēn bù néng jū rén yóu yì　　wèi zhī zì

之自暴也；吾身不能居仁由义，谓之自

qì yě　　rén　　rén zhī ān zhái yě　　yì　　rén zhī zhèng lù

弃也。仁，人之安宅也；义，人之正路

yě　　kuàng ān zhái ér fú jū　　shě zhèng lù ér bù yóu

也。旷安宅而弗居，舍正路而不由③，

āi zāi

哀哉！"

①淑：善。②载胥及溺：载，语气助词，无义。胥，皆。溺，落水。③由：遵从。

十一

shí yī

孟子曰："道在尔①而求诸远，事在易而求之难。人人亲其亲、长其长而天下平。"

十二

shí èr

孟子曰："居下位而不获于上，民不可得而治也。获于上有道：不信于友，弗获于上矣。信于友有道：事亲弗悦，弗信于友矣。悦亲有道：反身不诚，不悦于亲矣。诚身有道：不明乎善，不

①尔：即"迩"，近。

诚其身矣。是故诚者，天之道也；思诚者，人之道也。至诚而不动者，未之有也；不诚，未有能动者也。"

十三

孟子曰："伯夷辟①纣，居北海之滨，闻文王作，兴曰：'盍归乎来②！吾闻西伯善养老者。'太公辟纣，居东海之滨，闻文王作，兴曰：'盍归乎来！吾闻西伯善养老者。'二老者，天下之大老也，而归之，是天下之父归之也。天下之父归之，其子焉往？诸侯有行文王之政

---

①辟：躲避。②盍归乎来：盍，何不。归，归附。

者，七年之内，必为政于天下矣。"

十四

孟子曰："求也为季氏宰，无能改于其德，而赋粟倍他日。孔子曰：'求非我徒也，小子鸣鼓而攻之可也。'由此观之，君不行仁政而富之，皆弃于孔子者也，况于为之强战①？争地以战，杀人盈野；争城以战，杀人盈城。此所谓率土地而食人肉，罪不容于死。故善战者服上刑②，连诸侯者③次之，辟草莱④、任土地⑤者次之。"

---

① 强战：卖力征战。② 上刑：重刑。③ 连诸侯者：指宣传合纵连横的人。
④ 辟草莱：开垦荒地。⑤ 任土地：分土授民。

十五

shí wǔ

孟子曰："存①乎人者，莫良于眸子。眸子不能掩其恶。胸中正，则眸子瞭②焉；胸中不正，则眸子眊③焉。听其言也，观其眸子，人焉廋④哉？"

十六

shí liù

孟子曰："恭者不侮人，俭者不夺人。侮夺人之君，惟恐不顺焉，恶得为恭俭？恭俭岂可以声音笑貌为哉？"

①存：察。②瞭：眼睛明亮。③眊：眼睛看不清楚的样子。④廋：隐藏。

shí qī
十七

chún yú kūn yuē　　nán nǚ shòu shòu bù qīn　　lǐ yú
淳于髡①曰："男女授受不亲，礼与？"

mèng zǐ yuē　　　lǐ yě
孟子曰："礼也。"

yuē　　　sǎo nì zé yuán zhī yǐ shǒu hū
曰："嫂溺则援之以手乎？"

yuē　　　sǎo nì bù yuán　　shì chái láng yě　　nán nǚ shòu
曰："嫂溺不援，是豺狼也。男女授

shòu bù qīn　　lǐ yě　　sǎo nì yuán zhī yǐ shǒu zhě　　quán
受不亲，礼也；嫂溺援之以手者，权②

yě
也。"

yuē　　　jīn tiān xià nì yǐ　　fū zǐ zhī bù yuán　　hé
曰："今天下溺矣，夫子之不援，何

yě
也？"

yuē　　　tiān xià nì　　yuán zhī yǐ dào　　sǎo nì　　yuán
曰："天下溺，援之以道；嫂溺，援

zhī yǐ shǒu　　zǐ yù shǒu yuán tiān xià hū
之以手。子欲手援天下乎？"

---

①淳于髡：姓淳于，名髡，曾于齐威王、齐宣王时游于齐国稷下。②权：变通。

shí bā
十八

公孙丑曰：“君子之不教子，何也？”

孟子曰：“势不行也。教者必以正；以正不行，继之以怒。继之以怒，则反夷①矣。'夫子②教我以正，夫子未出于正也。'则是父子相夷也。父子相夷，则恶矣。古者易子而教之。父子之间不责善。责善则离，离则不祥莫大焉。”

shí jiǔ
十九

孟子曰：“事孰为大？事亲为大；守

①夷：伤害。②夫子：指父亲。

孰为大？守身为大。不失其身而能事其亲者，吾闻之矣；失其身而能事其亲者，吾未之闻也。孰不为事？事亲，事之本也；孰不为守？守身，守之本也。

曾子养曾晳，必有酒肉。将彻①，必请所与。问有余，必曰'有'。曾晳死，曾元②养曾子，必有酒肉。将彻，不请所与。问有余，曰：'亡矣。'将以复进也。此所谓养口体者也。若曾子，则可谓养志也。事亲若曾子者，可也。"

二十

孟子曰："人不足与适③也，政不足

---

①彻：撤去。②曾元：曾参之子。③适：通"谪"，指责。

间^①也。惟大人为能格^②君心之非。君仁莫不仁，君义莫不义，君正莫不正。一正君而国定矣。"

二十一

孟子曰："有不虞^③之誉，有求全之毁。"

二十二

孟子曰："人之易^④其言也，无责耳矣。"

---

①间：非议。②格：正。③虞：预料。④易：轻率。

èr shí sān
二十三

mèng zǐ yuē　　rén zhī huàn zài hào wéi rén shī
孟子曰："人之患在好为人师。"

èr shí sì
二十四

yuè zhèng zǐ cóng yú zǐ áo　　zhī qí
乐正子从于子敖①之齐。

yuè zhèng zǐ jiàn mèng zǐ　　mèng zǐ yuē　　zǐ yì lái
乐正子见孟子。孟子曰："子亦来

jiàn wǒ hū
见我乎？"

yuē　　xiān shēng hé wèi chū cǐ yán yě
曰："先生何为出此言也？"

yuē　　zǐ lái jǐ rì yǐ
曰："子来几日矣？"

yuē　　xī zhě
曰："昔者②。"

yuē　　xī zhě　　zé wǒ chū cǐ yán yě　　bú yì yí hū
曰："昔者，则我出此言也，不亦宜乎？"

①子敖：即王驩，字子敖，齐王宠臣。②昔者：昨天。

yuē　　shè guǎn wèi dìng
曰：“舍馆未定。”

yuē　　　zǐ wén zhī yě　　shè guǎn dìng　　rán hòu qiú jiàn
曰：“子闻之也，舍馆定，然后求见

zhǎng zhě hū
长者乎？”

yuē　　kè yǒu zuì
曰：“克有罪。”

èr shí wǔ
二十五

mèng zǐ wèi yuè zhèng zǐ yuē　　zǐ zhī cóng yú zǐ áo
孟子谓乐正子曰：“子之从于子敖

lái　　tú bū chuò　　yě　　　wǒ bù yì zǐ xué gǔ zhī dào
来，徒铺啜①也。我不意子学古之道，

ér yǐ bū chuò yě
而以铺啜也。”

èr shí liù
二十六

mèng zǐ yuē　　　bú xiào yǒu sān　　wú hòu wéi dà　　shùn bú
孟子曰：“不孝有三，无后为大。舜不

---

①铺啜：吃喝。

gào ér qǔ　　wèi wú hòu yě　　jūn zǐ yǐ wéi yóu gào yě

告而娶，为无后也，君子以为犹告也。"

二十七

mèng zǐ yuē　　rén zhī shí　　shì qīn shì yě　　yì zhī

孟子曰："仁之实，事亲是也；义之

shí　　cóng xiōng shì yě　　zhì zhī shí　　zhī sī èr zhě fú qù

实，从兄是也；智之实，知斯二者弗去

shì yě　　lǐ zhī shí　　jié wén sī èr zhě shì yě　　yuè zhī shí

是也；礼之实，节文斯二者是也；乐之实，

lè sī èr zhě　　lè zé shēng yǐ　　shēng zé wū kě yǐ yě

乐斯二者，乐则生矣，生则恶可已也。

wū kě yǐ　　zé bù zhī zú zhī dǎo zhī　　shǒu zhī wǔ zhī

恶可已，则不知足之蹈之、手之舞之。"

二十八

mèng zǐ yuē　　tiān xià dà yuè ér jiāng guī jǐ　　shì

孟子曰："天下大悦而将归己。视

tiān xià yuè ér guī jǐ　　yóu cǎo jiè yě　　wéi shùn wéi rán

天下悦而归己，犹草芥也，惟舜为然。

bù dé hū qīn　　bù kě yǐ wéi rén　　bú shùn hū qīn　　bù

不得乎亲，不可以为人；不顺乎亲，不

可以为子。舜尽事亲之道而瞽瞍^①厎豫^②，瞽瞍厎豫而天下化，瞽瞍厎豫而天下之为父子者定，此之谓大孝。"

---

① 瞽瞍：舜的父亲。② 厎豫：得以快乐。

lí lóu xià

离娄下

本部分共三十三章，以孟子语录为主，内容包括治国之道、君臣关系、道德修养、为学方法、圣贤的行事原则等。比如，第十九章讲到人区别于禽兽的根本在于仁义，提倡"由仁义行"而非"行仁义"；第二十六章讲到"性"与"智"的关系，认为顺应事物的本性才是运用"智"的关键所在。

yī
一

孟子曰："舜生于诸冯，迁于负夏，卒于鸣条，东夷之人也。① 文王生于岐周②，卒于毕郢③，西夷之人也。地之相去也，千有余里；世之相后也，千有余岁。得志行乎中国，若合符节。先圣后圣，其揆④一也。"

èr
二

子产听郑国之政⑤，以其乘舆济人于溱、洧⑥。孟子曰："惠而不知为政。岁

---

① 本句中的诸冯、负夏、鸣条皆古地名。② 岐周：岐山下周代的旧邑。因周建国于此，故称岐周。③ 毕郢：地名。④ 揆：尺度，准则。⑤ 子产：春秋时郑国贤相，姓公孙，名侨，字子产。听：治理。⑥ 溱、洧：溱水与洧水，均为郑国境内的两条河流。

十一月，徒杠^①成。十二月，舆梁^②成，民未病涉也。君子平其政，行辟人^③可也。焉得人人而济之？故为政者，每人而悦之，日亦不足矣。"

三

孟子告齐宣王曰："君之视臣如手足，则臣视君如腹心；君之视臣如犬马，则臣视君如国人；君之视臣如土芥，则臣视君如寇雠^④。"

王曰："礼，为旧君有服，何如斯可为服矣？"

①徒杠：工人徒步行走的独木桥。②舆梁：能通车马的大桥。③辟人：驱除行人使避开。④雠：仇敌。

曰："谏行言听，膏泽下于民；有故而去，则君使人导之出疆，又先于其所往；去三年不反，然后收其田里。此之谓三有礼焉。如此，则为之服矣。今也为臣，谏则不行，言则不听，膏泽不下于民；有故而去，则君搏执①之，又极②之于其所往；去之日，遂收其田里。此之谓寇雠。寇雠何服之有？"

四

孟子曰："无罪而杀士，则大夫可以去；无罪而戮民，则士可以徙。"

---

①搏执：捆绑。②极：困穷。

五

孟子曰："君仁莫不仁，君义莫不义。

六

孟子曰："非礼之礼，非义之义，大人弗为。"

七

孟子曰："中①也养②不中，才也养不才，故人乐有贤父兄也。如中也弃

---

①中：适中。②养：熏陶培养。

不 中 ，才 也 弃 不 才 ，则 贤 不 肖 之 相 去 ，
其 间 不 能 以 寸 。"

八

孟 子 曰 ："人 有 不 为 也 ，而 后 可 以
有 为 。"

九

孟 子 曰 ："言 人 之 不 善 ，当 如 后 患
何 ？"

十

孟 子 曰 ："仲 尼 不 为 已 甚 者 。"

十一

shí yī

孟子曰："大人者，言不必信，行不必果，惟义所在。"

十二

shí èr

孟子曰："大人者，不失其赤子之心者也。"

十三

shí sān

孟子曰："养生者不足以当大事，惟送死可以当大事。"

十四

shí sì

mèng zǐ yuē　　　jūn zǐ shēn zào zhī yǐ dào　　yù qí
孟子曰："君子深造之以道，欲其

zì dé zhī yě　　　zì dé zhī　　zé jū①zhī ān　　jū zhī
自得之也。自得之，则居①之安；居之

ān　　zé zī②zhī shēn　　zī zhī shēn　　zé qǔ zhī zuǒ yòu
安，则资②之深；资之深，则取之左右

féng qí yuán　　gù jūn zǐ yù qí zì dé zhī yě
逢其原，故君子欲其自得之也。"

十五

shí wǔ

mèng zǐ yuē　　　bó xué ér xiáng shuō zhī　　jiāng yǐ fǎn
孟子曰："博学而详说之，将以反

shuō yuē yě
说约也。"

---

①居：保存。②资：积蓄。

十六
shí liù

孟子曰："以善服人者，未有能服人者也；以善养人，然后能服天下。天下不心服而王者，未之有也。"

十七
shí qī

孟子曰："言无实不祥。不祥之实，蔽贤者当之。"

十八
shí bā

徐子①曰："仲尼亟②称于水，曰：'水

①徐子：徐辟，孟子弟子。②亟：屡次。

哉，水哉！'何取于水也？"

孟子曰："原泉混混①，不舍昼夜。盈科②而后进，放乎四海，有本者如是，是之取尔。苟为无本，七八月之间雨集，沟浍③皆盈，其涸也，可立而待也。故声闻过情，君子耻之。"

十九

孟子曰："人之所以异于禽兽者几希④，庶民去之，君子存之。舜明于庶物，察于人伦，由仁义行，非行仁义也。"

---

① 混混：即"滚滚"，波浪翻涌的样子。②科：坎，坑。③浍：田间水道。
④几希：很少，一点点。

二十
èr shí

mèng zǐ yuē　　　yǔ wù zhǐ jiǔ　ér hào shàn yán　tāng
孟子曰："禹恶旨酒①而好善言。汤

zhí zhōng　lì xián wú fāng　　wén wáng shì mín rú shāng　wàng
执中，立贤无方②。文王视民如伤，望

dào ér　wèi zhī jiàn　wǔ wáng bú xiè ěr　bú wàng yuǎn
道而③未之见。武王不泄迩④，不忘远。

zhōu gōng sī jiān sān wáng　yǐ shī sì shì　qí yǒu bù hé
周公思兼三王，以施四事；其有不合

zhě　yǎng ér sī zhī　yè yǐ jì rì　xìng ér dé zhī
者，仰而思之，夜以继日；幸而得之，

zuò yǐ dài dàn
坐以待旦。"

二十一
èr shí yī

mèng zǐ yuē　　wáng zhě zhī jì xī ér　shī wáng
孟子曰："王者之迹熄而《诗》亡，

shī wáng rán hòu chūn qiū zuò　jìn zhī shèng
《诗》亡然后《春秋》作。晋之《乘》⑤、

①旨酒：美酒。②方：常规。③而：如。④泄迩：泄，轻慢。迩，近。⑤《乘》：晋国史书。

chǔ zhī táo wù　　lǔ zhī chūn qiū　　　　yī yě
楚之《梼杌》①、鲁之《春秋》②，一也。

qí shì zé qí huán jìn wén　qí wén zé shǐ kǒng zǐ
其事则齐桓、晋文，其文则史。孔子

yuē　　qí yì zé qiū qiè qǔ zhī yǐ
曰：'其义则丘窃取之矣。'"

è̄r shí è̄r
二十二

mèng zǐ yuē　　jūn zǐ zhī zé wǔ shì ér zhǎn
孟子曰："君子之泽③五世而斩④，

xiǎo rén zhī zé wǔ shì ér zhǎn　yú wèi dé wéi kǒng zǐ tú
小人之泽五世而斩。予未得为孔子徒

yě　yú sī shū zhū rén yě
也，予私淑⑤诸人也。"

è̄r shí sān
二十三

mèng zǐ yuē　　kě yǐ qǔ　kě yǐ wú qǔ qǔ
孟子曰："可以取，可以无取，取

shāng lián　kě yǐ yǔ　kě yǐ wú yǔ yǔ shāng huì kě
伤廉；可以与，可以无与，与伤惠；可

---

①《梼杌》：楚国史书。②《春秋》：鲁国史书。③泽：影响。④斩：断绝。
⑤私淑：私自敬仰而未得到直接的传授。

以 死 ， 可 以 无 死 ， 死 伤 勇 。"

二十四

逢 蒙 学 射 于 羿①， 尽 羿 之 道 ， 思 天 下 惟 羿 为 愈 己 ， 于 是 杀 羿 。

孟 子 曰 ："是 亦 羿 有 罪 焉 。"

公 明 仪 曰 ："宜 若 无 罪 焉 。"

曰 ："薄 乎 云 尔 ， 恶 得 无 罪 ？ 郑 人 使 子 濯 孺 子② 侵 卫 ， 卫 使 庾 公 之 斯③ 追 之 。 子 濯 孺 子 曰 ：'今 日 我 疾 作 ， 不 可 以 执 弓 ， 吾 死 矣 夫 ！' 问 其 仆 曰 ：'追 我 者 谁 也 ？' 其 仆 曰 ：'庾 公 之 斯 也 。' 曰 ：'吾 生 矣 。'

① 逢蒙学射于羿：逢蒙，古之善射者，相传学射于后羿。羿，古人名，传说是古代有穷国的君主，善于射箭。② 子濯孺子：郑国大夫。③ 庾公之斯：卫国大夫。

其仆曰：'庾公之斯，卫之善射者也，夫

子曰'吾生'，何谓也？'曰：'庾公之斯

学射于尹公之他，尹公之他学射于我。

夫尹公之他，端人也，其取友必端矣。'庾

公之斯至，曰：'夫子何为不执弓？'

曰：'今日我疾作，不可以执弓。'曰：'小

人学射于尹公之他，尹公之他学射于

夫子。我不忍以夫子之道反害夫子。

虽然，今日之事，君事也，我不敢废。'

抽矢扣轮，去其金①，发乘矢②而后反。"

二十五

孟子曰："西子③蒙不洁，则人皆掩

①金：箭镞。②乘矢：四支箭。③西子：西施。

鼻而过之。虽有恶人①，齐②戒沐浴，则可以祀上帝。"

二十六

孟子曰："天下之言性也，则故③而已矣。故者，以利④为本。所恶于智者，为其凿也。如智者若禹之行水也，则无恶于智矣。禹之行水也，行其所无事也。如智者亦行其所无事，则智亦大矣。天之高也，星辰之远也，苟求其故，千岁之日至⑤，可坐而致也。"

①恶人：相貌丑陋的人。②齐：通"斋"。③故：积习，习惯。④利：顺应。
⑤日至：指冬至。

二十七

公行子①有子之丧，右师②往吊，入门，有进而与右师言者，有就右师之位而与右师言者。孟子不与右师言，右师不悦曰："诸君子皆与驩言，孟子独不与驩言，是简③驩也。"

孟子闻之，曰："礼，朝廷不历④位而相与言，不逾阶而相揖也。我欲行礼，子敖以我为简，不亦异乎？"

---

①公行子：齐国大夫。②右师：官名。其人即王驩，时任右师。③简：怠慢。④历：跨越。

二十八

孟子曰："君子所以异于人者，以其存①心也。君子以仁存心，以礼存心。仁者爱人，有礼者敬人。爱人者人恒爱之，敬人者人恒敬之。有人于此，其待我以横逆②，则君子必自反也：我必不仁也，必无礼也，此物奚宜③至哉？其自反而仁矣，自反而有礼矣，其横逆由是也，君子必自反也：我必不忠。自反而忠矣，其横逆由是也，君子曰：'此亦妄人也已矣。如此则与禽兽奚择④哉？于禽兽又何难⑤焉？'是故，君子有终

①存：居，存在。②横逆：横暴无理。③奚宜：为什么。④择：区别。⑤难：计较。

167

身之忧，无一朝之患也。乃若所忧则有之：舜人也，我亦人也。舜为法于天下，可传于后世，我由未免为乡人也，是则可忧也。忧之如何？如舜而已矣。若夫君子所患则亡矣。非仁无为也，非礼无行也。如有一朝之患，则君子不患矣。"

二十九

禹、稷当平世①，三过其门而不入，孔子贤之。颜子当乱世，居于陋巷，一箪食，一瓢饮。人不堪其忧，颜子不改其乐，孔子贤之。孟子曰："禹、稷、颜

① 平世：指政治清明的时代。

回同道。禹思天下有溺者，由己溺之也；稷思天下有饥者，由己饥之也，是以如是其急也。禹、稷、颜子易地则皆然。今有同室之人斗者，救之，虽被发①缨冠而救之，可也。乡邻有斗者，被发缨冠而往救之，则惑也，虽闭户可也。"

三十

公都子曰："匡章，通国皆称不孝焉。夫子与之游，又从而礼貌之，敢问何也？"

孟子曰："世俗所谓不孝者五：惰其四支②，不顾父母之养，一不孝也；

①被发：披散着头发。②四支：即四肢。

博弈好饮酒，不顾父母之养，二不孝也；好货财，私妻子，不顾父母之养，三不孝也；从①耳目之欲，以为父母戮②，四不孝也；好勇斗很③，以危父母，五不孝也。章子有一于是乎？夫章子，子父责善而不相遇④也。责善，朋友之道也；父子责善，贼恩之大者。夫章子，岂不欲有夫妻子母之属哉？为得罪于父，不得近。出妻屏⑤子，终身不养焉。其设心以为不若是，是则罪之大者，是则章子已矣。”

①从：同"纵"。②戮：羞辱。③很：同"狠"。④不相遇：不相合。⑤屏：赶出。

sān shí yī
三十一

曾子居武城①，有越寇。或曰："寇至，盍去诸？"曰："无寓人于我室，毁伤其薪木。"寇退，则曰："修我墙屋，我将反。"寇退，曾子反。左右曰："待先生，如此其忠且敬也。寇至则先去以为民望，寇退则反，殆②于不可。"沈犹行③曰："是非汝所知也。昔沈犹有负刍④之祸，从先生者七十人，未有与焉。"

子思居于卫，有齐寇。或曰："寇至，盍去诸？"子思曰："如伋去，君谁与守？"

①武城：鲁国邑名。②殆：恐怕。③沈犹行：曾子弟子，姓沈犹，名行。④负刍：人名。

孟子曰："曾子、子思同道。曾子，师也，父兄也；子思，臣也，微也。曾子、子思易地则皆然。"

三十二

储子①曰："王使人瞷②夫子，果有以异于人乎？"孟子曰："何以异于人哉？尧舜与人同耳。"

三十三

齐人有一妻一妾而处室者，其良人③出，则必餍④酒肉而后反⑤。其妻问所与饮

①储子：齐国人，曾任齐相。②瞷：窥视。③良人：丈夫。④餍：吃饱。⑤反：同"返"。

食者，则尽富贵也。其妻告其妾曰："良人出，则必餍酒肉而后反；问其与饮食者，尽富贵也，而未尝有显者来，吾将瞯良人之所之也。"

蚤①起，施②从良人之所之，遍国中无与立谈者。卒之东郭墦③间，之祭者，乞其余；不足，又顾而之他，此其为餍足之道也。

其妻归，告其妾曰："良人者，所仰望而终身也。今若此。"与其妾讪其良人，而相泣于中庭。而良人未之知也，施施④从外来，骄其妻妾。

由君子观之，则人之所以求富贵利

①蚤：通"早"。②施：通"迤"，逶迤而行。③墦：坟墓。④施施：得意的样子。

达者，其妻妾不羞也，而不相泣者，几希矣。

本部分共九章，除第四章记录孟子与咸丘蒙的对话外，其他均为孟子与弟子万章间的对话。本部分内容主要涉及舜的孝行（第一、二、三、四章），尧、舜禅让（第五、六章）以及伊尹、孔子、百里奚等贤者的事迹（第七、八、九章）。

yī 一

万章问曰：“舜往于田，号泣于旻天①，何为其号泣也？”孟子曰：“怨慕也。”

万章曰：“父母爱之，喜而不忘；父母恶之，劳②而不怨。然则舜怨乎？”

曰：“长息问于公明高③曰：‘舜往于田，则吾既得闻命矣；号泣于旻天，于父母，则吾不知也。’公明高曰：‘是非尔所知也。’夫公明高以孝子之心，为不若是恝④，我竭力耕田，共⑤为子职而已矣，父母之不我爱，于我何哉？帝⑥使

①旻天：苍天。②劳：忧愁。③长息：公明高弟子。公明高：曾子弟子。
④恝：淡然，不经心。⑤共：通“恭”。⑥帝：指尧。

其子九男二女①，百官牛羊仓廪备，以事舜于畎亩②之中。天下之士多就之者，帝将胥③天下而迁之焉。为不顺于父母，如穷人无所归。天下之士悦之，人之所欲也，而不足以解忧；好色，人之所欲，妻帝之二女，而不足以解忧；富，人之所欲，富有天下，而不足以解忧；贵，人之所欲，贵为天子，而不足以解忧。人悦之、好色、富贵，无足以解忧者，惟顺于父母，可以解忧。人少，则慕父母；知好色，则慕少艾④；有妻子，则慕妻子；仕则慕君，不得于君则热中。大孝终身慕父母。五十而慕者，予于大舜见之矣。"

①九男二女：九男，尧的九个儿子。二女，尧的两个女儿。②畎亩：田野，土地。③胥：皆，尽。④少艾：年轻美丽的女子。

èr

二

wàn zhāng wèn yuē　　　shī　 yún　　　 qǔ qī rú zhī hé
万 章 问 曰："《诗》云：'娶 妻 如 之 何？

bì gào fù mǔ　　 xìn sī yán yě　　 yí mò rú shùn　 shùn zhī bú
必 告 父 母。'信 斯 言 也，宜 莫 如 舜。舜 之 不

gào ér qǔ　　 hé yě
告 而 娶，何 也？"

mèng zǐ yuē　　　 gào zé bù dé qǔ　　 nán nǚ jū shì
孟 子 曰："告 则 不 得 娶。男 女 居 室，

rén zhī dà lún yě　　　 rú gào　　 zé fèi rén zhī dà lún　　 yǐ
人 之 大 伦 也。如 告，则 废 人 之 大 伦，以

duì ① fù mǔ　　 shì yǐ bú gào yě
怼① 父 母，是 以 不 告 也。"

wàn zhāng yuē　　　 shùn zhī bú gào ér qǔ　　 zé wú jì
万 章 曰："舜 之 不 告 而 娶，则 吾 既

dé wén mìng yǐ　　 dì zhī qì shùn ér bú gào　　 hé yě
得 闻 命 矣；帝 之 妻 舜 而 不 告，何 也？"

yuē　　　 dì yì zhī gào yān zé bù dé qì yě
曰："帝 亦 知 告 焉 则 不 得 妻 也。"

wàn zhāng yuē　　　 fù mǔ shǐ shùn wán lǐn　 juān jiē
万 章 曰："父 母 使 舜 完 廪，捐 阶，

gǔ sǒu fén lǐn　　 shǐ jùn jǐng　 chū　 cóng ér yǎn ② zhī
瞽 瞍 焚 廪。使 浚 井，出，从 而 揜② 之。

---

①怼：怨恨。②揜：掩。

象①曰：'谟盖②都君③咸我绩④。牛羊父母，仓廪父母，干戈朕，琴朕，弤⑤朕，二嫂使治朕栖⑥。'象往入舜宫，舜在床琴。象曰：'郁陶⑦思君尔。'忸怩。舜曰：'惟⑧兹臣庶，汝其于予治。'不识舜不知象之将杀己与？"

曰："奚而不知也？象忧亦忧，象喜亦喜。"

曰："然则舜伪喜者与？"

曰："否。昔者有馈生鱼于郑子产，子产使校人⑨畜之池。校人烹之，反命曰：'始舍之圉圉⑩焉，少则洋洋焉，攸

①象：舜的同父异母弟。②谟盖：谋害。③都君：指舜。④绩：功绩。⑤弤：雕弓。⑥栖：床。⑦郁陶：思念的样子。⑧惟：思念。⑨校人：管理池塘的小吏。⑩圉圉：疲惫的样子。

然而逝。'子产曰：'得其所哉！得其所哉！'校人出，曰：'孰谓子产智？予既烹而食之，曰：得其所哉，得其所哉。'故君子可欺以其方，难罔以非其道。彼以爱兄之道来，故诚信而喜之，奚伪焉？"

三

万章问曰："象日以杀舜为事，立为天子，则放之，何也？"

孟子曰："封之也，或曰放焉。"

万章曰："舜流共工于幽州[1]，放驩兜于崇山[2]，杀三苗于三危[3]，殛鲧于

① 舜流共工于幽州：共工，人名，尧臣，和驩兜、三苗、鲧并称为"四凶"。幽州，地名，北方边远之地。②崇山：地名，南方边远之地。③杀三苗于三危：杀，"窜"的假借字。三苗，国名。三危，山名，西方边远之地。

羽山^①，四罪而天下咸服，诛不仁也。象至不仁，封之有庳^②。有庳之人奚罪焉？仁人固如是乎？在他人则诛之，在弟则封之。"

曰："仁人之于弟也，不藏怒焉，不宿怨焉，亲爱之而已矣。亲之欲其贵也，爱之欲其富也。封之有庳，富贵之也。身为天子，弟为匹夫，可谓亲爱之乎？"

"敢问或曰放者，何谓也？"

曰："象不得有为于其国，天子使吏治其国，而纳其贡税焉，故谓之放。岂得暴彼民哉？虽然，欲常常而见之，故源源而来。'不及贡，以政接于有庳'，

---

① 殛鲧于羽山：殛，诛杀。鲧，相传为禹父，尧派他治水，因无功而受罚。羽山，山名，东方边远之地。② 有庳：象的封地。

cǐ zhī wèi yě
此 之 谓 也 。”

SÌ
四

xián qiū méng ① wèn yuē yǔ yún shèng dé zhī shì
咸 丘 蒙 ① 问 曰 ：“语 云 ：‘盛 德 之 士 ，

jūn bù dé ér chén fù bù dé ér zǐ shùn nán miàn ér lì
君 不 得 而 臣 ，父 不 得 而 子 。’舜 南 面 而 立 ，

yáo shuài zhū hóu běi miàn ér cháo zhī gǔ sǒu yì běi miàn ér cháo
尧 帅 诸 侯 北 面 而 朝 之 ，瞽 瞍 亦 北 面 而 朝

zhī shùn jiàn gǔ sǒu qí róng yǒu cù ② kǒng zǐ yuē yú
之 。舜 见 瞽 瞍 ，其 容 有 蹙 ②。孔 子 曰 ：‘于

sī shí yě tiān xià dài zāi jí jí hū bù shí cǐ yǔ
斯 时 也 ，天 下 殆 哉 ，岌 岌 乎 ！’不 识 此 语

chéng rán hū zāi
诚 然 乎 哉 ？”

mèng zǐ yuē fǒu cǐ fēi jūn zǐ zhī yán qí dōng
孟 子 曰 ：“否 。此 非 君 子 之 言 ，齐 东

yě rén zhī yǔ yě yáo lǎo ér shùn shè yě yáo diǎn
野 人 之 语 也 。尧 老 而 舜 摄 也 。《尧 典》

yuē èr shí yòu bā zǎi fàng xūn nǎi cú luò ③ bǎi xìng
曰 ：‘二 十 有 八 载 ，放 勋 乃 徂 落 ③，百 姓

①咸丘蒙：人名，姓咸丘，名蒙，孟子弟子。②蹙：不安。③徂落：去世。

如丧考妣，三年，四海遏密①八音。'孔子曰：'天无二日，民无二王。'舜既为天子矣，又帅天下诸侯以为尧三年丧，是二天子矣。"

咸丘蒙曰："舜之不臣尧，则吾既得闻命矣。《诗》云：'普天之下，莫非王土；率土之滨，莫非王臣。'而舜既为天子矣，敢问瞽瞍之非臣，如何？"

曰："是诗也，非是之谓也；劳于王事，而不得养父母也。曰：'此莫非王事，我独贤劳也。'故说诗者，不以文害辞，不以辞害志。以意逆②志，是为得之。如以辞而已矣，《云汉》之诗曰：'周

---

① 四海遏密：四海，民间。遏密，停止。② 逆：推求，揣测。

余黎民，靡有孑^①遗。'信斯言也，是周无遗民也。孝子之至，莫大乎尊亲；尊亲之至，莫大乎以天下养。为天子父，尊之至也；以天下养，养之至也。《诗》曰：'永言孝思，孝思维则^②。'此之谓也。《书》曰：'祗载^③见瞽瞍，夔夔齐栗^④，瞽瞍亦允若^⑤。'是为父不得而子也。"

五

万章曰："尧以天下与舜，有诸？"

孟子曰："否。天子不能以天下与人。"

---

①孑遗：遗留。②维则：作为行动的准则。③祗载：恭敬。④夔夔齐栗：敬慎恐惧的样子。齐，通"斋"。⑤允若：允，确实。若，顺从。

"然则舜有天下也，孰与之？"

曰："天与之。"

"天与之者，谆谆然命之乎？"

曰："否。天不言，以行①与事②示之而已矣。"

曰："以行与事示之者如之何？"

曰："天子能荐人于天，不能使天与之天下；诸侯能荐人于天子，不能使天子与之诸侯；大夫能荐人于诸侯，不能使诸侯与之大夫。昔者尧荐舜于天而天受之，暴③之于民而民受之，故曰：天不言，以行与事示之而已矣。"

曰："敢问荐之于天而天受之，暴之

---

① 行：个人行为。② 事：政事。③ 暴：显示。

于民而民受之，如何？"

曰："使之主祭而百神享之，是天受之；使之主事而事治，百姓安之，是民受之也。天与之，人与之，故曰：天子不能以天下与人。舜相尧二十有八载，非人之所能为也，天也。尧崩，三年之丧毕，舜避尧之子于南河①之南。天下诸侯朝觐者，不之尧之子而之舜；讼狱者，不之尧之子而之舜；讴歌者，不讴歌尧之子而讴歌舜，故曰天也。夫然后之中国，践天子位焉。而居尧之宫，逼尧之子，是篡也，非天与也。《太誓》曰：'天视自我民视，天听自我民听。'

---

① 南河：即黄河。

此之谓也。”

六

万章问曰：“人有言：‘至于禹而德衰，不传于贤而传于子。’有诸？”

孟子曰：“否，不然也。天与贤，则与贤；天与子，则与子。昔者舜荐禹于天，十有七年，舜崩。三年之丧毕，禹避舜之子于阳城①。天下之民从之，若尧崩之后，不从尧之子而从舜也。禹荐益于天，七年，禹崩。三年之丧毕，益避禹之子于箕山之阴②。朝觐讼狱者不之益而之启③，曰：‘吾君之子也。’讴

①阳城：山名。②箕山之阴：箕山，在今河南登封市东南。阴，山北。③启：禹之子。

歌者不讴歌益而讴歌启，曰：'吾君之子也。'丹朱①之不肖，舜之子亦不肖。舜之相尧，禹之相舜也，历年多，施泽于民久。启贤，能敬承继禹之道。益之相禹也，历年少，施泽于民未久。舜、禹、益相去久远，其子之贤不肖皆天也，非人之所能为也。莫之为而为者，天也；莫之致而至者，命也。匹夫而有天下者，德必若舜禹，而又有天子荐之者，故仲尼不有天下。继世以有天下，天之所废，必若桀纣者也，故益、伊尹、周公不有天下。伊尹相汤以王于天下。汤崩，太丁②未立，外丙③二年，

①丹朱：尧之子。②太丁：汤的长子。③外丙：太丁的弟弟。

仲壬①四年。太甲颠覆汤之典刑②，伊尹放之于桐③。三年，太甲悔过，自怨自艾，于桐处仁迁义；三年，以听伊尹之训己也，复归于亳。周公之不有天下，犹益之于夏，伊尹之于殷也。孔子曰：'唐虞禅，夏后、殷、周继，其义一也。'"

七

万章问曰："人有言'伊尹以割烹④要⑤汤'有诸？"

孟子曰："否，不然。伊尹耕于有莘⑥之野，而乐尧、舜之道焉。非其义也，非

---

①仲壬：外丙的弟弟。②太甲颠覆汤之典刑：太甲，汤的嫡长孙，太丁之子。典刑，法度。③桐：地名。④割烹：切割、烹调，指当厨师。⑤要：求。⑥有莘：古国名。

其道也，禄之以天下，弗顾也；系马千驷，弗视也。非其义也，非其道也，一介①不以与人，一介不以取诸人。汤使人以币聘之，嚣嚣②然曰：'我何以汤之聘币为哉？我岂若处畎亩之中，由是以乐尧舜之道哉？'汤三使往聘之，既而幡然③改曰：'与我处畎亩之中，由是以乐尧舜之道，吾岂若使是君为尧、舜之君哉？吾岂若使是民为尧舜之民哉？吾岂若于吾身亲见之哉？天之生此民也，使先知觉后知，使先觉觉后觉也。予，天民之先觉者也；予将以斯道觉斯民也。非予觉之，而谁也？'思天

①介：同"芥"，草，比喻极轻微的东西。②嚣嚣：无欲自得的样子。③幡然：忽然改变的样子。

下之民匹夫匹妇有不被尧舜之泽者，若己推而内①之沟中。其自任以天下之重如此，故就汤而说之以伐夏救民。吾未闻枉己而正人者也，况辱己以正天下者乎？圣人之行不同也，或远或近，或去或不去，归洁其身而已矣。吾闻其以尧舜之道要汤，未闻以割烹也。《伊训》曰：'天诛造②攻自牧宫③，朕载自亳。'"

八

万章问曰："或谓孔子于卫主痈疽④，

---

①内：同"纳"。②造：开始。③牧宫：桀的宫室名，这里指夏桀其人。④主痈疽：借住在痈疽家。主，通"住"。痈疽，人名，又作"雍渠"，卫灵公宠幸的宦官。

于齐主侍人瘠环①，有诸乎？"

孟子曰："否，不然也。好事者为之也。于卫主颜雠由②。弥子③之妻与子路之妻，兄弟也。弥子谓子路曰：'孔子主我，卫卿可得也。'子路以告。孔子曰：'有命。'孔子进以礼，退以义，得之不得曰'有命'。而主痈疽与侍人瘠环，是无义无命也。孔子不悦于鲁、卫，遭宋桓司马④将要⑤而杀之，微服而过宋。是时孔子当阨，主司城贞子⑥，为陈侯周⑦臣。吾闻观近臣，以其所为主；观远臣，以其所主。若孔子主痈疽与侍人瘠环，何以为孔子？"

①侍人瘠环：侍人，宦官。瘠环，人名，齐景公宠幸的宦官。②颜雠由：卫国贤大夫。③弥子：即弥子瑕，卫灵公的宠臣。④宋桓司马：宋国司马桓魋。⑤要：拦截。⑥司城贞子：陈国大夫。⑦陈侯周：陈国国君，名周。

九

万章问曰："或曰：'百里奚自鬻①于秦养牲者五羊之皮，食牛，以要秦穆公。'信乎？"

孟子曰："否，不然。好事者为之也。百里奚，虞②人也。晋人以垂棘③之璧与屈④产之乘，假道于虞以伐虢⑤。宫之奇⑥谏，百里奚不谏。知虞公之不可谏而去，之秦，年已七十矣，曾⑦不知以食牛干秦穆公之为污也，可谓智乎？不可谏而不谏，可谓不智乎？知虞公之

①百里奚自鬻：百里奚，原为虞国大夫，后辅佐秦穆公建立霸业。鬻，卖。②虞：国名，周初所封诸侯国。③垂棘：晋国地名。④屈：地名。⑤虢：国名，周初所封诸侯国。⑥宫之奇：虞国大夫。⑦曾：乃，竟。

将亡而先去之，不可谓不智也。时举
于秦，知穆公之可与有行①也而相之，
可谓不智乎？相秦而显其君于天下，可
传于后世，不贤而能之乎？自鬻以成
其君，乡党自好者不为，而谓贤者为之
乎？"

① 有行：有为。

　　本部分共九章，其中有五章是孟子与万章的对话，其余四章分别为孟子语录及与他人问答。本部分内容包括圣贤处世之道（第一章）、周代爵禄制度（第二章）、士人出仕原则（第四至第七章）、交友原则（第三章）、知人论世（第八章）等。

yī
一

孟子曰："伯夷，目不视恶色，耳不听恶声。非其君不事，非其民不使。治则进，乱则退。横政①之所出，横民之所止，不忍居也。思与乡人处，如以朝衣朝冠坐于涂炭也。当纣之时，居北海之滨，以待天下之清也。故闻伯夷之风者，顽夫②廉，懦夫有立志。

伊尹曰：'何事非君？何使非民？'治亦进，乱亦进。曰：'天之生斯民也，使先知觉后知，使先觉觉后觉。予，天

①横政：暴政。②顽夫：贪婪的人。

民之先觉者也；予将以此道觉此民也。'

思天下之民匹夫匹妇有不与被尧、舜之

泽者，若己推而内之沟中，其自任以天

下之重也。

柳下惠，不羞污君，不辞小官。进不

隐贤，必以其道。遗佚而不怨，厄穷而不

悯。与乡人处，由由然①不忍去也。'尔为

尔，我为我，虽袒裼裸裎于我侧，尔焉

能浼我哉？'故闻柳下惠之风者，鄙夫

宽，薄夫敦。

孔子之去齐，接淅②而行；去鲁，曰：'迟

迟吾行也。'去父母国之道也。可以速而速，

可以久而久，可以处而处，可以仕而仕，

---

①由由然：怡然自得的样子。②淅：淘米水。

孔子也。"

孟子曰:"伯夷,圣之清者也;伊尹,圣之任者也;柳下惠,圣之和者也;孔子,圣之时者也。孔子之谓集大成。集大成也者,金声而玉振①之也。金声也者,始条理也;玉振之也者,终条理也。始条理者,智之事也;终条理者,圣之事也。智,譬则巧也;圣,譬则力也。由射于百步之外也,其至,尔力也;其中,非尔力也。"

---

① 金声而玉振:谓以钟发声,以磬收韵,奏乐从始至终。金,金属制的乐器如钟、镈之类。玉,玉或石制的乐器如磬之类。

二

北宫锜①问曰："周室班②爵禄也，如之何？"

孟子曰："其详不可得闻也。诸侯恶其害己也，而皆去其籍。然而轲也，尝闻其略也。天子一位，公一位，侯一位，伯一位，子、男同一位，凡五等也。君一位，卿一位，大夫一位，上士一位，中士一位，下士一位，凡六等。天子之制，地方千里，公侯皆方百里，伯七十里，子、男五十里，凡四等。不能③五十里，不达于天子，附于诸侯，曰附庸。天子之卿

---

①北宫锜：卫国人。②班：划定等级。③能：及。

受地视①侯，大夫受地视伯，元士②受
地视子、男。大国地方百里，君十卿禄，
卿禄四大夫，大夫倍上士，上士倍中
士，中士倍下士，下士与庶人在官者同
禄，禄足以代其耕也。次国地方七十里，
君十卿禄，卿禄三大夫，大夫倍上士，
上士倍中士，中士倍下士，下士与庶
人在官者同禄，禄足以代其耕也。小
国地方五十里，君十卿禄，卿禄二大夫，大
夫倍上士，上士倍中士，中士倍下士，
下士与庶人在官者同禄，禄足以代其
耕也。耕者之所获，一夫百亩。百亩之
粪③，上农夫食九人，上次食八人，中

①视：比照。②元士：天子直辖区域内的上士。③粪：施肥。

食^{sì}七^{qī}人^{rén}，中^{zhōng}次^{cì}食^{sì}六^{liù}人^{rén}，下^{xià}食^{sì}五^{wǔ}人^{rén}。庶^{shù}人^{rén}
在^{zài}官^{guān}者^{zhě}，其^{qí}禄^{lù}以^{yǐ}是^{shì}为^{wéi}差^{chā}。"

三^{sān}

万^{wàn}章^{zhāng}问^{wèn}曰^{yuē}："敢^{gǎn}问^{wèn}友^{yǒu}。"

孟^{mèng}子^{zǐ}曰^{yuē}："不^{bù}挟^{xié}长^{zhǎng}，不^{bù}挟^{xié}贵^{guì}，不^{bù}挟^{xié}
兄^{xiōng}弟^{dì}而^{ér}友^{yǒu}。友^{yǒu}也^{yě}者^{zhě}，友^{yǒu}其^{qí}德^{dé}也^{yě}，不^{bù}可^{kě}以^{yǐ}
有^{yǒu}挟^{xié}也^{yě}。孟^{mèng}献^{xiàn}子^{zǐ}，百^{bǎi}乘^{shèng}之^{zhī}家^{jiā}也^{yě}，有^{yǒu}友^{yǒu}
五^{wǔ}人^{rén}焉^{yān}：乐^{yuè}正^{zhèng}裘^{qiú}、牧^{mù}仲^{zhòng}，其^{qí}三^{sān}人^{rén}，则^{zé}予^{yú}
忘^{wàng}之^{zhī}矣^{yǐ}。献^{xiàn}子^{zǐ}之^{zhī}与^{yǔ}此^{cǐ}五^{wǔ}人^{rén}者^{zhě}友^{yǒu}也^{yě}，无^{wú}献^{xiàn}
子^{zǐ}之^{zhī}家^{jiā}者^{zhě}也^{yě}。此^{cǐ}五^{wǔ}人^{rén}者^{zhě}，亦^{yì}有^{yǒu}献^{xiàn}子^{zǐ}之^{zhī}
家^{jiā}，则^{zé}不^{bù}与^{yǔ}之^{zhī}友^{yǒu}矣^{yǐ}。非^{fēi}惟^{wéi}百^{bǎi}乘^{shèng}之^{zhī}家^{jiā}为^{wéi}然^{rán}
也^{yě}。虽^{suī}小^{xiǎo}国^{guó}之^{zhī}君^{jūn}亦^{yì}有^{yǒu}之^{zhī}。费^{bì}惠^{huì}公^{gōng}②曰^{yuē}：'吾^{wú}

① 孟献子：鲁国大夫。② 费惠公：战国时费国的国君。

于子思，则师之矣；吾于颜般①，则友之矣；王顺、长息则事我者也。'非惟小国之君为然也，虽大国之君亦有之。晋平公②之于亥唐③也，入云则入，坐云则坐，食云则食。虽疏食④菜羹，未尝不饱，盖不敢不饱也。然终于此而已矣。弗与共天位也，弗与治天职也，弗与食天禄也，士之尊贤者也，非王公之尊贤也。舜尚见帝，帝馆甥⑤于贰室⑥，亦飨舜，迭为宾主，是天子而友匹夫也。用下敬上，谓之贵贵；用上敬下，谓之尊贤。贵贵、尊贤，其义一也。"

① 颜般：古代贤者。② 晋平公：春秋时晋国国君，姓姬名彪。③ 亥唐：晋国人。④ 疏食：粗糙的伙食。⑤ 甥：女婿。⑥ 贰室：副官。

四

万章问曰："敢问交际①何心也？"

孟子曰："恭也。"

曰："却之却之为不恭，何哉？"

曰："尊者赐之，曰'其所取之者，义乎，不义乎'，而后受之，以是为不恭，故弗却也。"

曰："请无以辞却之，以心却之，曰'其取诸民之不义也'，而以他辞无受，不可乎？"

曰："其交也以道，其接也以礼，斯孔子受之矣。"

① 交际：往来应酬。

万章曰："今有御人于国门之外者，其交也以道，其馈也以礼，斯可受御与？"

曰："不可。《康诰》曰：'杀越人于货①，闵②不畏死，凡民罔不譈③。'是不待教而诛者也。殷受夏，周受殷，所不辞也。于今为烈，如之何其受之？"

曰："今之诸侯取之于民也，犹御也。苟善其礼际矣，斯君子受之，敢问何说也？"

曰："子以为有王者作，将比今之诸侯而诛之乎？其教之不改而后诛之乎？夫谓非其有而取之者盗也，充类④至义之尽也。孔子之仕于鲁也，鲁人猎较⑤，孔

①杀越人于货：越，抢劫。于，与。②闵：通"暋"，强悍。③譈：同"憝"，怨恨。④充类：类推。⑤猎较：打猎时争夺猎物，以所得用作祭祀祖先。

子亦猎较。猎较犹可，而况受其赐乎？"

曰："然则孔子之仕也，非事道与？"

曰："事道也。"

"事道奚猎较也？"

曰："孔子先簿正①祭器，不以四方之食供簿正。"

曰："奚不去也？"

曰："为之兆②也。兆足以行矣，而不行，而后去，是以未尝有所终三年淹③也。孔子有见行可④之仕，有际可⑤之仕，有公养⑥之仕也。于季桓子，见行可之仕也；于卫灵公，际可之仕也；于卫孝公，公养之仕也。"

①簿正：立文书以正其不正。②兆：开始。③淹：停留。④行可：可行其道。
⑤际可：接遇以礼。⑥公养：古代国君以养贤之礼奉养贤者。

五 wǔ

孟子曰："仕非为贫也，而有时乎
为贫；娶妻非为养也，而有时乎为养。
为贫者，辞尊居卑，辞富居贫。辞尊居
卑，辞富居贫，恶乎宜乎？抱关①击柝②。
孔子尝为委吏③矣，曰：'会计当而已
矣。'尝为乘田④矣，曰：'牛羊茁壮长
而已矣。'位卑而言高，罪也；立乎人之
本朝⑤，而道不行，耻也。"

①抱关：看门。②击柝：打更。柝，巡夜打更用的梆子。③委吏：管理粮仓的小官。④乘田：管理畜牧的小吏。⑤本朝：朝廷。

liù
六

万章曰："士之不托诸侯，何也？"

孟子曰："不敢也。诸侯失国，而后托于诸侯，礼也；士之托于诸侯，非礼也。"

万章曰："君馈之粟，则受之乎？"

曰："受之。"

"受之何义也？"

曰："君之于氓也，固周之。"

曰："周之则受，赐之则不受，何也？"

曰："不敢也。"

曰："敢问其不敢何也？"

曰："抱关击柝者，皆有常职以食

于上。无常职而赐于上者，以为不恭也。"

曰："君馈之，则受之，不识可常继乎？"

曰："缪公之于子思也，亟^①问，亟馈鼎肉。子思不悦。于卒也，摽^②使者出诸大门之外，北面稽首再拜^③而不受。曰：'今而后知君之犬马畜伋。'盖自是台^④无馈也。悦贤不能举，又不能养也，可谓悦贤乎？"

曰："敢问国君欲养君子，如何斯可谓养矣？"

曰："以君命将^⑤之，再拜稽首而受。

①亟：屡次。②摽：驱逐。③稽首再拜：表示拒绝。再拜稽首：表示接受。
④台：小官。⑤将：送。

其后廪人①继粟,庖人②继肉,不以君命
将之。子思以为鼎肉使己仆仆③尔亟拜
也,非养君子之道也。尧之于舜也,使
其子九男事之,二女女焉,百官牛羊仓
廪备,以养舜于畎亩之中,后举而加诸
上位。故曰,王公之尊贤者也。"

七

万章曰:"敢问不见诸侯,何义也?"

孟子曰:"在国曰市井之臣,在野
曰草莽之臣,皆谓庶人。庶人不传质④
为臣,不敢见于诸侯,礼也。"

①廪人:管仓库的小吏。②庖人:管膳食的小吏。③仆仆:麻烦。④质:通"贽",见面礼。

万章曰："庶人，召之役，则往役；君欲见之，召之，则不往见之，何也？"

曰："往役，义也；往见，不义也。且君之欲见之也，何为也哉？"

曰："为其多闻也，为其贤也。"

曰："为其多闻也，则天子不召师，而况诸侯乎？为其贤也，则吾未闻欲见贤而召之也。缪公亟见于子思，曰：'古千乘之国以友士，何如？'子思不悦，曰：'古之人有言曰，事之云乎，岂曰友之云乎？'子思之不悦也，岂不曰：'以位，则子，君也；我，臣也。何敢与君友也？以德，则子事我者也，奚可以与我友？'千乘之君求与之友，而不可得也，而况可召与？齐景公田，招虞人以旌，不至，将杀之。志士不忘在沟壑，勇士不忘丧其元。孔子奚取焉？取非其招不往也。"

曰："敢问招虞人何以？"

曰："以皮冠。庶人以旃①，士以旂②，大夫以旌③。以大夫之招招虞人，虞人死不敢往。以士之招招庶人，庶人岂敢往哉？况乎以不贤人之招招贤人乎？欲见贤人而不以其道，犹欲其入而闭之门也。夫义，路也；礼，门也。惟君子能由是路，出入是门也。《诗》云：'周道如底④，其直如矢；君子所履，小人所视⑤。'"

万章曰："孔子，君命召，不俟驾而

①旃：赤色曲柄的旗。②旂：古代画有两龙并在竿头悬铃的旗。③旌：古代用牦牛尾或兼五彩羽毛饰竿头的旗子。④底：通"砥"，磨刀石。⑤视：效法。

211

行。然则孔子非与？"

曰："孔子当仕有官职，而以其官
召之也。"

八

孟子谓万章曰："一乡之善士，斯
友一乡之善士；一国之善士，斯友一
国之善士；天下之善士，斯友天下之善
士。以友天下之善士为未足，又尚^①论
古之人。颂^②其诗，读其书，不知其人，
可乎？是以论其世也。是尚友也。"

①尚：上。②颂：通"诵"。

九

齐宣王问卿。孟子曰："王何卿之问也？"

王曰："卿不同乎？"

曰："不同。有贵戚之卿，有异姓之卿。"

王曰："请问贵戚之卿。"

曰："君有大过则谏，反覆之而不听，则易位。"

王勃然变乎色。

曰："王勿异也。王问臣，臣不敢不以正①对。"

王色定，然后请问异姓之卿。

---

① 正：真实。

曰："君有过则谏，反覆之而不听，则去。"

告子上

　　本部分共二十章。内容涉及人性论、修养工夫、理想人格、为学方法等，其中孟子与告子就人性善恶、生之谓性、仁内义外等议题的论辩（第一、二、三、四、五章）、人性本善（第六、七、八章）、"大体"与"小体"的关系（第十二、十三、十四、十五章）、"天爵"与"人爵"的关系（第十六、十七章）等都是后世探求儒家人性论的关键。

一 yī

告子曰：“性，犹杞柳①也；义，犹桮棬②也。以人性为仁义，犹以杞柳为桮棬。”

孟子曰：“子能顺杞柳之性而以为桮棬乎？将戕贼杞柳而后以为桮棬也？如将戕贼杞柳而以为桮棬，则亦将戕贼人以为仁义与？率天下之人而祸仁义者，必子之言夫！”

---

①杞柳：树名，枝条柔韧，可编箱框等器物。②桮棬：形状弯曲的木制饮酒器。

èr
二

告子曰："性犹湍水①也，决②诸东方则东流，决诸西方则西流。人性之无分于善不善也，犹水之无分于东西也。"

孟子曰："水信③无分于东西，无分于上下乎？人性之善也，犹水之就下也。人无有不善，水无有不下。今夫水，搏而跃之，可使过颡④；激而行之，可使在山。是岂水之性哉？其势则然也。人之可使为不善，其性亦犹是也。"

①湍水：急流。②决：打开缺口排水。③信：确实。④颡：额头。

sān

三

gào zǐ yuē　　shēng zhī wèi xìng
告子曰："生之谓性。"

mèng zǐ yuē　　　shēng zhī wèi xìng yě　　yóu bái zhī wèi
孟子曰："生之谓性也，犹白之谓

bái yú
白与？"

yuē　　rán
曰："然。"

bái yǔ zhī bái yě　　yóu bái xuě zhī bái　　bái xuě zhī
"白羽之白也，犹白雪之白；白雪之

bái　　yóu bái yù zhī bái yú
白，犹白玉之白与？"

yuē　　rán
曰："然。"

rán zé quǎn zhī xìng　　yóu niú zhī xìng　　niú zhī xìng
"然则犬之性，犹牛之性；牛之性，

yóu rén zhī xìng yú
犹人之性与？"

sì
四

gào zǐ yuē　　shí sè　　xìng yě　　rén　　nèi yě
告子曰："食色，性也。仁，内也，
fēi wài yě　　yì　　wài yě　　fēi nèi yě
非外也；义，外也，非内也。"

mèng zǐ yuē　　hé yǐ wèi rén nèi yì wài yě
孟子曰："何以谓仁内义外也？"

yuē　　bǐ zhǎng ér wǒ zhǎng zhī　　fēi yǒu zhǎng yú wǒ
曰："彼长而我长之，非有长于我
yě　　yóu bǐ bái ér wǒ bái zhī　　cóng qí bái yú wài yě
也；犹彼白而我白之，从其白于外也，
gù wèi zhī wài yě
故谓之外也。"

yuē　　yì yú① bái mǎ zhī bái yě　　wú yǐ yì yú
曰："异于①白马之白也，无以异于
bái rén zhī bái yě　　bù shí zhǎng mǎ zhī zhǎng yě　　wú yǐ
白人之白也；不识长马之长也，无以
yì yú zhǎng rén zhī zhǎng yú　　qiě wèi zhǎng zhě yì hū　　zhǎng
异于长人之长与？且谓长者义乎？长
zhī zhě yì hū
之者义乎？"

①异于：二字疑为衍文。

曰：“吾弟则爱之，秦人之弟则不爱也，是以我为悦者也，故谓之内。长楚人之长，亦长吾之长，是以长为悦者也，故谓之外也。”

曰：“耆①秦人之炙②，无以异于耆吾炙。夫物则亦有然者也，然则耆炙亦有外与？”

五

孟季子问公都子曰：“何以谓义内也？”

曰：“行吾敬，故谓之内也。”

①耆：通“嗜”。②炙：烤肉。

"乡人长于伯兄一岁，则谁敬？"

曰："敬兄。"

"酌则谁先？"

曰："先酌乡人。"

"所敬在此，所长在彼，果在外，非由内也。"

公都子不能答，以告孟子。

孟子曰："敬叔父乎？敬弟乎？彼将曰'敬叔父'。曰：'弟为尸①，则谁敬？'彼将曰'敬弟。'子曰：'恶在其敬叔父也？'彼将曰'在位故也。'子亦曰：'在位故也。庸②敬在兄，斯须之敬在乡人。'"

季子闻之曰："敬叔父则敬，敬弟则

①尸：古代祭祀时代死者受祭的人。②庸：平时，平常。

221

^{jìng} ^{guǒ zài wài} ^{fēi yóu nèi yě}
敬，果在外，非由内也。"

^{gōng dū zǐ yuē} ^{dōng rì zé yǐn tāng} ^{xià rì zé yǐn}
公都子曰："冬日则饮汤，夏日则饮

^{shuǐ} ^{rán zé yǐn shí yì zài wài yě}
水，然则饮食亦在外也？"

^{liù}
六

^{gōng dū zǐ yuē} ^{gào zǐ yuē} ^{xìng wú shàn wú bú}
公都子曰："告子曰：'性无善无不

^{shàn yě} ^{huò yuē} ^{xìng kě yǐ wéi shàn} ^{kě yǐ wéi bú}
善也。'或曰：'性可以为善，可以为不

^{shàn} ^{shì gù wén wǔ} ^{xīng} ^{zé mín hào shàn} ^{yōu lì} ^{xīng}
善。是故文武①兴，则民好善；幽厉②兴，

^{zé mín hào bào} ^{huò yuē} ^{yǒu xìng shàn} ^{yǒu xìng bú shàn}
则民好暴。'或曰：'有性善，有性不善。

^{shì gù yǐ yáo wéi jūn ér yǒu xiàng} ^{yǐ gǔ sǒu wéi fù ér yǒu}
是故以尧为君而有象，以瞽瞍为父而有

^{shùn} ^{yǐ zhòu wéi xiōng zhī zǐ qiě yǐ wéi jūn} ^{ér yǒu wēi zǐ}
舜，以纣为兄之子且以为君，而有微子

^{qǐ} ^{wáng zǐ bǐ gàn} ^{jīn yuē} ^{xìng shàn} ^{rán zé bǐ}
启③、王子比干④。'今曰'性善'，然则彼

①文武：指周文王、周武王，周代两位圣王。②幽厉：指周幽王、周厉王，周代两位暴君。③微子启：商纣王庶兄，名启。曾屡次劝谏商纣王。④王子比干：商纣王叔父，因劝谏被纣王剖心而死。

jiē fēi yú
皆非与？"

mèng zǐ yuē　　nǎi ruò qí qíng　zé kě yǐ wéi shàn
孟子曰："乃若其情，则可以为善

yǐ　nǎi suǒ wèi shàn yě　ruò fú wéi bú shàn　fēi cái zhī
矣，乃所谓善也。若夫为不善，非才之

zuì yě　　cè yǐn zhī xīn　rén jiē yǒu zhī　xiū wù zhī xīn
罪也。恻隐之心，人皆有之；羞恶之心，

rén jiē yǒu zhī　gōng jìng zhī xīn　rén jiē yǒu zhī　shì fēi
人皆有之；恭敬之心，人皆有之；是非

zhī xīn　rén jiē yǒu zhī　cè yǐn zhī xīn　rén yě　xiū
之心，人皆有之。恻隐之心，仁也；羞

wù zhī xīn　yì yě　gōng jìng zhī xīn　lǐ yě　shì fēi
恶之心，义也；恭敬之心，礼也；是非

zhī xīn　zhì yě　rén yì lǐ zhì　fēi yóu wài shuò wǒ
之心，智也。仁、义、礼、智，非由外铄我

yě　wǒ gù yǒu zhī yě　fú sī ěr yǐ　gù yuē　qiú
也，我固有之也，弗思耳矣。故曰：'求

zé dé zhī　shě zé shī zhī　huò xiāng bèi xǐ ér wú suàn
则得之，舍则失之。'或相倍蓰而无算

zhě　bù néng jìn qí cái zhě yě　shī　yuē　tiān shēng zhēng
者，不能尽其才者也。《诗》曰：'天生蒸

mín　yǒu wù yǒu zé　mín zhī bǐng yí①　hào shì yì dé
民，有物有则。民之秉夷①，好是懿德。'

kǒng zǐ yuē　wéi cǐ shī zhě　qí zhī dào hū　gù yǒu wù
孔子曰：'为此诗者，其知道乎！故有物

bì yǒu zé　mín zhī bǐng yí yě　gù hào shì yì dé
必有则，民之秉夷也，故好是懿德。'"

---

①夷：《诗经》作"彝"，常规。

七 qī

孟子曰："富岁，子弟多赖①；凶岁，子弟多暴，非天之降才尔殊也，其所以陷溺其心者然也。今夫麰麦②，播种而耰③之，其地同，树之时又同，浡然而生，至于日至④之时，皆熟矣。虽有不同，则地有肥硗⑤，雨露之养，人事之不齐也。故凡同类者，举相似也，何独至于人而疑之？圣人与我同类者。故龙子曰：'不知足而为屦⑥，我知其不为蒉⑦也。'屦之相似，天下之足同也。口

① 赖：凭借。或说通"懒"，懒惰。② 麰麦：大麦。③ 耰：平整土地的农具，意指播种后覆土保护种子。④ 日至：指夏至。⑤ 硗：土地贫瘠。⑥ 屦：用麻、葛等制成的单底鞋。⑦ 蒉：用草编的筐。

之于味，有同耆也。易牙①先得我口之
所耆者也。如使口之于味也，其性与人
殊，若犬马之与我不同类也，则天下何
耆皆从易牙之于味也？至于味，天下期
于易牙，是天下之口相似也。惟耳亦然。
至于声，天下期于师旷，是天下之耳
相似也。惟目亦然。至于子都②，天下
莫不知其姣也。不知子都之姣者，无目
者也。故曰：口之于味也，有同耆焉；
耳之于声也，有同听焉；目之于色也，
有同美焉。至于心，独无所同然乎？心
之所同然者何也？谓理也，义也。圣人
先得我心之所同然耳。故理义之悦我

①易牙：人名，齐桓公宠臣，传说他擅长烹饪。②子都：人名，春秋时期郑国的美男子。

225

心，犹刍豢^①之悦我口。"

八

孟子曰："牛山^②之木尝美矣，以其郊于大国也，斧斤伐之，可以为美乎？是其日夜之所息，雨露之所润，非无萌蘖^③之生焉，牛羊又从而牧之，是以若彼濯濯^④也。人见其濯濯也，以为未尝有材焉，此岂山之性也哉？虽存乎人者，岂无仁义之心哉？其所以放其良心者，亦犹斧斤之于木也，旦旦而伐之，可以为美乎？其日夜之所息，平旦^⑤

①刍豢：指牛羊猪狗等牲畜。②牛山：山名。在今山东临淄南。③萌蘖：指植物长出新芽。④濯濯：光秃秃的样子。⑤平旦：清晨。

之气，其好恶与人相近也者几希，则其旦昼①之所为，有梏②亡之矣。梏之反覆，则其夜气不足以存；夜气不足以存，则其违禽兽不远矣。人见其禽兽也，而以为未尝有才焉者，是岂人之情也哉？故苟得其养，无物不长；苟失其养，无物不消。孔子曰：'操则存，舍则亡；出入无时，莫知其乡③。'惟心之谓与？"

九

孟子曰："无或④乎王之不智也。虽有天下易生之物也，一日暴⑤之，十日

①旦昼：第二天的白天。②梏：古代拘在罪人两手的刑具。③乡：通"向"，去向。④或：通"惑"，疑惑。⑤暴：同"曝"，晒。

寒之。未有能生者也。吾见亦罕矣，吾
退而寒之者至矣，吾如有萌焉何哉？
今夫弈之为数①，小数也；不专心致志，
则不得也。弈秋，通国之善弈者也。使弈
秋诲二人弈，其一人专心致志，惟弈
秋之为听。一人虽听之，一心以为有鸿
鹄将至，思援弓缴②而射之，虽与之俱
学，弗若之矣。为是其智弗若与？曰：
非然也。"

十

孟子曰："鱼，我所欲也；熊掌，亦
我所欲也。二者不可得兼，舍鱼而取熊

---

① 数：技艺。② 缴：系于箭上的丝绳。

掌者也。生，亦我所欲也；义，亦我所欲也。二者不可得兼，舍生而取义者也。生亦我所欲，所欲有甚于生者，故不为苟得也；死亦我所恶，所恶有甚于死者，故患有所不辟也。如使人之所欲莫甚于生，则凡可以得生者，何不用也？使人之所恶莫甚于死者，则凡可以辟患者，何不为也？由是则生而有不用也，由是则可以辟患而有不为也。是故所欲有甚于生者，所恶有甚于死者，非独贤者有是心也，人皆有之，贤者能勿丧耳。一箪食，一豆①羹，得之则生，弗得则死。呼尔而与之，行道之人弗受；

---

① 豆：古代食器。

蹴尔^①而与之，乞人不屑也。万钟^②则
不辨礼义而受之，万钟于我何加焉？
为宫室之美、妻妾之奉、所识穷乏者
得我与？乡^③为身死而不受，今为宫室
之美为之；乡为身死而不受，今为妻妾
之奉为之；乡为身死而不受，今为所识
穷乏者得我而为之，是亦不可以已乎？
此之谓失其本心。"

十一

孟子曰："仁，人心也；义，人路也。
舍其路而弗由^④，放^⑤其心而不知求，哀

---

①蹴尔：喻指无礼的、污辱性的施舍。②万钟：指优厚的俸禄。钟为容量单位，六斛四斗为一钟。③乡：通"向"，以往。④由：经过。⑤放：放任。

哉！人有鸡犬放，则知求之；有放心，而不知求。学问之道无他，求其放心而已矣。"

十二

孟子曰："今有无名之指，屈而不信①，非疾痛害事也，如有能信之者，则不远秦楚之路，为指之不若人也。指不若人，则知恶之；心不若人，则不知恶，此之谓不知类也。"

①信：同"伸"。

十三
shí sān

孟子曰：“拱把①之桐梓，人苟欲生
之，皆知所以养之者。至于身，而不知
所以养之者，岂爱身不若桐梓哉？弗思
甚也。”

十四
shí sì

孟子曰：“人之于身也，兼所爱。兼所
爱，则兼所养也。无尺寸之肤不爱焉，则
无尺寸之肤不养也。所以考其善不善
者，岂有他哉？于己取之而已矣。体有

---

① 拱把：表示树木尚小。拱，两手合围。把，一手所握。

贵贱，有小大。无以小害大，无以贱害贵。养其小者为小人，养其大者为大人。今有场师，舍其梧槚①，养其樲棘②，则为贱场师焉。养其一指而失其肩背，而不知也，则为狼疾③人也。饮食之人，则人贱之矣，为其养小以失大也。饮食之人无有失也，则口腹岂适④为尺寸之肤哉？"

十五

公都子问曰："钧⑤是人也，或为大人，或为小人，何也？"

①梧槚：即梧桐与山楸，两者皆良木，比喻良材。②樲棘：即酸枣树和荆棘，两者都是次等的木材。③狼疾：昏乱，糊涂。④适：通"啻"，但，只。⑤钧：通"均"，同样。

孟子曰："从其大体为大人，从其小体为小人。"

曰："钧是人也，或从其大体，或从其小体，何也？"

曰："耳目之官不思，而蔽于物，物交物，则引之而已矣。心之官则思，思则得之，不思则不得也。此天之所与我者，先立乎其大者，则其小者弗能夺也。此为大人而已矣。"

十六

孟子曰："有天爵①者，有人爵②者。

---

①天爵：指高尚的道德修养。②人爵：指朝廷所授予的爵禄。

仁、义、忠、信，乐善不倦，此天爵也；公卿大夫，此人爵也。古之人修其天爵，而人爵从之。今之人修其天爵，以要①人爵；既得人爵，而弃其天爵，则惑之甚者也，终亦必亡而已矣。"

十七

孟子曰："欲贵者，人之同心也。人人有贵于己者，弗思耳。人之所贵者，非良贵也。赵孟②之所贵，赵孟能贱之。《诗》云：'既醉以酒，既饱以德。'言饱乎仁义也，所以不愿人之膏粱③之味也；

①要：通"邀"，求取，追求。②赵孟：春秋时期晋国正卿赵盾。此指代有权势的人。③膏粱：指精美的食物。

令闻广誉施于身，所以不愿人之文绣①也。"

十八

孟子曰："仁之胜不仁也，犹水胜火。今之为仁者，犹以一杯水救一车薪之火也；不熄，则谓之水不胜火。此又与②于不仁之甚者也，亦终必亡而已矣。"

十九

孟子曰："五谷者，种之美者也；苟

---

① 文绣：刺绣华美的丝织品或衣服。② 与：助长。

为不熟，不如荑稗①。夫仁亦在乎熟之
而已矣。"

二十

孟子曰："羿之教人射，必志于彀②，
学者亦必志于彀。大匠诲人，必以规矩，
学者亦必以规矩。"

---

① 荑稗：即"稊稗"，荑、稗为二草名，似禾，实比谷小，亦可食。② 彀：拉满弓弩。

gào zǐ xià

告子下

本部分共十六章，其内容十分丰富，如论述礼与食色的关系（第一章）、"人皆可以为尧舜"（第二章）、"三王"与"五霸"（第七章）、"以邻为壑"（第十章）、"天将降大任于是人"（第十五章）等，这实际上是从学习、生活以及为政等实践层面对孟子的"性善论"进行解析。

yī
一

rén rén yǒu wèn wū lú zǐ① yuē　　lǐ yǔ shí shú zhòng
任人有问屋庐子①曰："礼与食孰重？"

yuē　　　lǐ zhòng
曰："礼重。"

sè yǔ lǐ shú zhòng
"色与礼孰重？"

yuē　　　lǐ zhòng
曰："礼重。"

yuē　　　yǐ lǐ shí　　zé jī ér sǐ　　bù yǐ lǐ shí
曰："以礼食，则饥而死；不以礼食，

zé dé shí　　bì yǐ lǐ hū　　qīn yìng　　zé bù dé qī　　bù
则得食，必以礼乎？亲迎，则不得妻；不

qīn yìng　　zé dé qī　　bì qīn yìng hū
亲迎，则得妻，必亲迎乎？"

wū lú zǐ bù néng duì　　míng rì zhī zōu yǐ gào mèng zǐ
屋庐子不能对，明日之邹以告孟子。

mèng zǐ yuē　　　　yú dá shì yě hé yǒu　　bù chuǎi② qí
孟子曰："于答是也何有？不揣②其

běn ér qí qí mò　　fāng cùn zhī mù kě shǐ gāo yú cén
本而齐其末，方寸之木可使高于岑

①任人有问屋庐子：任，春秋时国名，在今山东济宁。屋庐子，孟子弟子，姓屋庐，名连。②揣：衡量。

楼^①。金重于羽者，岂谓一钩金^②与一舆羽之谓哉？取食之重者与礼之轻者而比之，奚翅^③食重？取色之重者与礼之轻者而比之，奚翅色重？往应之曰：'绐^④兄之臂而夺之食，则得食；不绐，则不得食，则将绐之乎？踰东家墙而搂其处子，则得妻；不搂，则不得妻，则将搂之乎？'"

二

曹交^⑤问曰："人皆可以为尧舜，有诸？"

---

①岑楼：尖顶高楼。②一钩金：做成一个衣带钩所需的金，比喻数量很小。③奚翅：何止。翅，同"啻"。④绐：扭。⑤曹交：人名。

孟子曰："然。"

"交闻文王十尺，汤九尺，今交九尺四寸以长，食粟而已，如何则可？"

曰："奚有于是？亦为之而已矣。有人于此，力不能胜一匹雏，则为无力人矣；今日举百钧，则为有力人矣。然则举乌获①之任，是亦为乌获而已矣。夫人岂以不胜为患哉？弗为耳。徐行后长者谓之弟②，疾行先长者谓之不弟。夫徐行者，岂人所不能哉？所不为也。尧舜之道，孝弟而已矣。子服尧之服，诵③尧之言，行尧之行，是尧而已矣；子服桀之服，诵桀之言，行桀之行，

①乌获：人名，战国时秦国大力士。②弟：同"悌"，敬从兄长。③诵：讲述。

是桀而已矣。"

曰："交得见于邹君，可以假馆，愿留而受业于门。"

曰："夫道若大路然，岂难知哉？人病①不求耳。子归而求之，有余师。"

三

公孙丑问曰："高子②曰：'《小弁》，小人之诗也。'"

孟子曰："何以言之？"

曰："怨。"

曰："固哉，高叟之为《诗》也！有人于此，越人关弓③而射之，则己谈笑而

①病：缺点。②高子：人名。③关弓：即拉满弓。关，通"弯"。

道之；无他，疏之也。其兄关弓而射
之，则己垂涕泣而道之；无他，戚之也。
《小弁》之怨，亲亲也。亲亲，仁也。固
矣夫，高叟之为诗也！"

曰："《凯风》何以不怨？"

曰："《凯风》，亲之过小者也；《小
弁》，亲之过大者也。亲之过大而不怨，
是愈疏也；亲之过小而怨，是不可矶①也。
愈疏，不孝也；不可矶，亦不孝也。孔
子曰：'舜其至孝矣，五十而慕②。'"

①矶：激怒，触犯。②慕：依恋。

四

宋轻①将之楚，孟子遇于石丘②。曰："先生将何之？"

曰："吾闻秦楚构兵③，我将见楚王说而罢之。楚王不悦，我将见秦王说而罢之。二王我将有所遇焉。"

曰："轲也请无问其详，愿闻其指④。说之将何如？"

曰："我将言其不利也。"

曰："先生之志则大矣，先生之号⑤则不可。先生以利说秦楚之王，秦楚

①宋轻：人名，也作宋钘、宋荣，宋国人，战国时著名学者。②石丘：地名。
③构兵：交战。④指：同"旨"，意向。⑤号：主张。

245

之王悦于利，以罢三军之师，是三军之士乐罢而悦于利也。为人臣者怀利以事其君，为人子者怀利以事其父，为人弟者怀利以事其兄。是君臣、父子、兄弟终去仁义，怀利以相接，然而不亡者，未之有也。先生以仁义说秦楚之王，秦楚之王悦于仁义，而罢三军之师，是三军之士乐罢而悦于仁义也。为人臣者怀仁义以事其君，为人子者怀仁义以事其父，为人弟者怀仁义以事其兄，是君臣、父子、兄弟去利，怀仁义以相接也。然而不王者，未之有也。何必曰利？"

五

孟子居邹，季任①为任处守，以币
交，受之而不报。处于平陆②，储子为
相，以币交，受之而不报。他日由邹之
任，见季子；由平陆之齐，不见储子。
屋庐子喜曰："连得间矣③。"

问曰："夫子之任见季子；之齐，不
见储子，为其为相与？"

曰："非也。《书》曰：'享多仪④，仪
不及物曰不享，惟不役志于享。'为其
不成享也。"

屋庐子悦。或问之。屋庐子曰："季子不得之邹，储子得之平陆。"

六

淳于髡曰："先名实者，为人也；后名实者，自为也。夫子在三卿之中，名实未加于上下而去之，仁者固如此乎？"

孟子曰："居下位，不以贤事不肖者，伯夷也；五就汤，五就桀者，伊尹也；不恶污君，不辞小官者，柳下惠也。三子者不同道，其趋一也。一者何也？曰：仁也。君子亦仁而已矣，何必同？"

曰："鲁缪公之时，公仪子①为政，

---

① 公仪子：即公仪休，曾任鲁相。

子柳、子思为臣，鲁之削也滋甚。若是乎贤者之无益于国也！"

曰："虞不用百里奚而亡，秦穆公用之而霸。不用贤则亡，削何可得与？"

曰："昔者王豹①处于淇，而河西善讴②；绵驹处于高唐③，而齐右善歌；华周、杞梁④之妻善哭其夫，而变国俗。有诸内必形诸外。为其事而无其功者，髡未尝睹之也。是故无贤者也，有则髡必识之。"

曰："孔子为鲁司寇，不用，从而祭，燔肉⑤不至，不税冕⑥而行。不知者以为

---

①王豹：人名，卫国人，擅长歌唱。②讴：歌唱。③绵驹处于高唐：绵驹，人名，齐国人，擅长唱歌。高唐，地名。④华周、杞梁：人名，传说为齐国大夫。⑤燔肉：宗庙祭祀所用的熟肉。⑥税冕：脱去礼帽。税，通"脱"。

为肉也，其知者以为为无礼也，乃孔子则欲以微罪行，不欲为苟去。君子之所为，众人固不识也。"

七

孟子曰："五霸者，三王之罪人也；今之诸侯，五霸之罪人也；今之大夫，今之诸侯之罪人也。天子适诸侯曰巡狩，诸侯朝于天子曰述职。春省①耕而补不足，秋省敛②而助不给③。入其疆，土地辟，田野治，养老尊贤，俊杰在位，则有庆④，庆以地。入其疆，土地荒芜，遗老

---

①省：视察。②敛：收获。③给：丰足。④庆：赏赐。

失贤，掊克^①在位，则有让。一不朝，则贬

其爵；再不朝，则削其地；三不朝，则六

师移之。是故天子讨而不伐，诸侯伐而不

讨。五霸者，搂^②诸侯以伐诸侯者也，故

曰：五霸者，三王之罪人也。五霸，桓公

为盛。葵丘之会诸侯，束牲、载书^③而不

歃血^④。初命曰：'诛不孝，无易树子，无

以妾为妻。'再命曰：'尊贤育才，以彰有

德。'三命曰：'敬老慈幼，无忘宾旅。'四

命曰：'士无世官，官事无摄^⑤，取士必得，

无专^⑥杀大夫。'五命曰：'无曲防^⑦，无遏

籴^⑧，无有封而不告。'曰：'凡我同盟之

---

①掊克：聚敛。②搂：拉。③载书：把盟书放在牺牲上。④歃血：结盟时的一种仪式，杀牲而饮血以示诚信。⑤摄：代理。⑥专：专断。⑦曲防：遍设堤防。⑧籴：买进粮食。

人，既盟之后，言归于好。'今之诸侯，皆犯此五禁，故曰：今之诸侯，五霸之罪人也。长君之恶其罪小，逢君之恶其罪大。今之大夫，皆逢君之恶，故曰：今之大夫，今之诸侯之罪人也。"

八

鲁欲使慎子①为将军。孟子曰："不教民而用之，谓之殃②民。殃民者，不容于尧舜之世。一战胜齐，遂有南阳③，然且不可。"

慎子勃然不悦曰："此则滑釐所不

---

①慎子：名滑釐，鲁国将军，善于用兵。②殃：残害。③南阳：地名，即汶阳，在泰山之南，汶水之北。

识^①也。"

曰："吾明告子。天子之地方千里；不千里，不足以待诸侯。诸侯之地方百里；不百里，不足以守宗庙之典籍。周公之封于鲁，为方百里也；地非不足，而俭于^②百里。太公之封于齐也，亦为方百里也；地非不足也，而俭于百里。今鲁方百里者五，子以为有王者作，则鲁在所损乎？在所益乎？徒取诸彼以与此，然且仁者不为，况于杀人以求之乎？君子之事君也，务引其君以当道，志于仁而已。"

①识：知道。②俭于：限于。

九 jiǔ

孟子曰："今之事君者曰：'我能为君辟土地，充府库。'今之所谓良臣，古之所谓民贼也。君不乡道[①]，不志于仁，而求富之，是富桀也。'我能为君约与国[②]，战必克。'今之所谓良臣，古之所谓民贼也。君不乡道，不志于仁，而求为之强战，是辅桀也。由今之道，无变今之俗，虽与之天下，不能一朝居也。"

①乡：同"向"，向往。②与国：盟国。

shí
十

白圭①曰："吾欲二十而取一，何如？"

孟子曰："子之道，貉②道也。万室之国，一人陶，则可乎？"

曰："不可，器不足用也。"

曰："夫貉，五谷不生，惟黍生之。无城郭、宫室、宗庙、祭祀之礼，无诸侯币帛饔飧，无百官有司，故二十取一而足也。今居中国，去人伦，无君子，如之何其可也？陶以寡，且不可以为国，况无君子乎？欲轻之于尧舜之道者，大

①白圭：人名。姓白，名丹，字圭。善治水、经商。②貉：同"貊"，北方夷狄之国名。

255

　貉小貉也；欲重之于尧舜之道者，大桀
小桀也。"

shí yī

十一

白圭曰："丹之治水也愈于禹。"

孟子曰："子过矣。禹之治水，水之
道也。是故禹以四海为壑①，今吾子以
邻国为壑。水逆行，谓之洚水。洚水者，
洪水也，仁人之所恶也。吾子过矣。"

十二

孟子曰："君子不亮②，恶乎执？"

---

①壑：水坑，水沟。②亮：同"谅"，诚信，忠诚。

十三

鲁欲使乐正子为政。孟子曰:"吾
闻之,喜而不寐。"

公孙丑曰:"乐正子强乎?"

曰:"否。"

"有知虑乎?"

曰:"否。"

"多闻识乎?"

曰:"否。"

"然则奚为喜而不寐?"

曰:"其为人也好善。"

"好善足乎?"

曰：“好善优^①于天下，而况鲁国乎？

夫苟好善，则四海之内，皆将轻^②千里

而来告之以善。夫苟不好善，则人将

曰：'訑訑^③，与既已知之矣。'訑訑之

声音颜色，距^④人于千里之外。士止于

千里之外，则谗谄面谀之人至矣。与

谗谄面谀之人居，国欲治，可得乎？”

十四

陈子^⑤曰：“古之君子何如则仕？”

孟子曰：“所就三，所去三。迎之致

敬以有礼，言将行其言也，则就之；礼

①优：宽裕。②轻：容易。③訑訑：洋洋自得。④距：通"拒"。⑤陈子：人名，即陈臻，孟子弟子。

貌未衰，言弗行也，则去之。其次，虽未行其言也，迎之致敬以有礼，则就之；礼貌衰，则去之。其下，朝不食，夕不食，饥饿不能出门户。君闻之曰：'吾大者不能行其道，又不能从其言也，使饥饿于我土地，吾耻之。'周①之，亦可受也，免死而已矣。"

十五

孟子曰："舜发②于畎亩之中，傅说③举于版筑之间，胶鬲④举于鱼盐之中，管夷吾举于士⑤，孙叔敖⑥举于海，

①周：周济。②发：举荐。③傅说：人名。殷高宗武丁时的相。初隐居于傅岩，高宗梦到他，往访而知其贤，于是举他为相，国家大治。④胶鬲：人名。商末贤者。商纣时因遭世乱，曾隐遁为商。⑤管夷吾举于士：管夷吾，人名，即管仲。士，掌管刑狱的官员。⑥孙叔敖：人名。楚国令尹。

百里奚举于市。故天将降大任于是人也，必先苦其心志，劳其筋骨，饿其体肤，空乏其身，行拂乱其所为，所以动心忍性①，曾益②其所不能。人恒过，然后能改；困于心，衡于虑，而后作；征③于色，发于声，而后喻。入则无法家拂④士，出则无敌国外患者，国恒亡。然后知生于忧患而死于安乐也。"

十六

孟子曰："教亦多术矣，予不屑之教诲也者，是亦教诲之而已矣。"

---

①动心忍性：鼓励心志，坚韧品性。②曾益：增加。③征：表现。④拂：通"弼"，辅佐。

　　本部分共四十六章，内容涵盖心性理论、修养工夫、理想人格、王霸之辨、治世之道等，如"尽心""尽性""知天"（第一章）、"万物皆备于我"（第四章）、"穷则独善其身，达则兼济天下"（第九章）、"良知""良能"（第十五章）、"君子三乐"（第二十章）等。

一 yī

mèng zǐ yuē　　　　jìn qí xīn zhě　　zhī qí xìng yě　　zhī
孟子曰：“尽其心者，知其性也。知

qí xìng　　zé zhī tiān yǐ　　cún qí xīn　yǎng qí xìng　suǒ
其性，则知天矣。存其心，养其性，所

yǐ shì tiān yě　　yāo　shòu bú èr　　xiū shēn yǐ sì zhī
以事天也。殀①寿不贰，修身以俟之，

suǒ yǐ lì mìng yě
所以立命也。”

二 èr

mèng zǐ yuē　　　　mò fēi mìng yě　　shùn shòu qí zhèng
孟子曰：“莫非命也，顺受其正。

shì gù zhī mìng zhě　　bú lì hū yán qiáng zhī xià　　jìn qí
是故知命者，不立乎岩墙之下。尽其

dào ér sǐ zhě　zhèng mìng yě　　zhì gù　sǐ zhě　fēi zhèng
道而死者，正命也。桎梏②死者，非正

mìng yě
命也。”

---

①殀：同“夭”，短命而死。②桎梏：拘禁犯人的刑具。

三

孟子曰："求则得之，舍则失之，是求有益于得也，求在我者也。求之有道，得之有命，是求无益于得也，求在外者也。"

四

孟子曰："万物皆备于我矣。反身而诚，乐莫大焉。强恕而行，求仁莫近焉。"

五 wǔ

mèng zǐ yuē　　xíng zhī ér bú zhù yān　　xí yǐ ér

孟 子 曰:"行 之 而 不 著 焉 , 习 矣 而

bù chá yān　　zhōng shēn yóu zhī ér bù zhī qí dào zhě zhòng yě

不 察 焉 , 终 身 由 之 而 不 知 其 道 者 , 众 也 。"

六 liù

mèng zǐ yuē　　rén bù kě yǐ wú chǐ　　wú chǐ zhī

孟 子 曰:"人 不 可 以 无 耻 。 无 耻 之

chǐ　wú chǐ yǐ

耻 , 无 耻 矣 。"

七 qī

mèng zǐ yuē　　chǐ zhī yú rén dà yǐ　　wéi jī biàn

孟 子 曰:"耻 之 于 人 大 矣 。 为 机 变①

① 机变:机谋,权诈。

之巧者，无所用耻焉。不耻不若人，何若人有？"

八

孟子曰："古之贤王好善而忘势，古之贤士何独不然？乐其道而忘人之势。故王公不致敬尽礼，则不得亟见之。见且由不得亟，而况得而臣之乎？"

九

孟子谓宋句践①曰："子好游②乎？吾语子游。人知之，亦嚣嚣③；人不知，

①宋句践：人名。②游：游说。③嚣嚣：自得无欲的样子。

亦嚣嚣。"

曰：“何如斯可以嚣嚣矣？"

曰：“尊德乐义，则可以嚣嚣矣。故士穷不失义，达不离道。穷不失义，故士得己①焉；达不离道，故民不失望焉。古之人，得志，泽加于民；不得志，修身见于世。穷则独善其身，达则兼善天下。"

shí
十

孟子曰：“待文王而后兴②者，凡民也。若夫豪杰之士，虽无文王犹兴。"

①得已：自得。②兴：感动奋发。

十一

shí yī

孟子曰："附之以韩、魏之家①，如其自视欿然②，则过人远矣。"

十二

shí èr

孟子曰："以佚③道使民，虽劳不怨；以生道杀民，虽死不怨杀者。"

十三

shí sān

孟子曰："霸者之民，驩虞④如也；

①附之以韩、魏之家：附，增益。韩、魏之家，春秋时晋国六卿中最富有的两个家族。②欿然：不自满貌。③佚：同"逸"。④驩虞：同"欢娱"。

wáng zhě zhī mín　　hào hào rú yě　　shā zhī ér bú yuàn　　lì
王者之民，皞皞如也。杀之而不怨，利

zhī ér bù yōng　　mín rì qiān shàn ér bù zhī wéi zhī zhě
之而不庸①，民日迁善而不知为之者。

fú jūn zǐ suǒ guò zhě huà　　suǒ cún zhě shén　　shàng xià yǔ tiān
夫君子所过者化，所存者神，上下与天

dì tóng liú　　qǐ yuē xiǎo bǔ zhī zāi
地同流，岂曰小补之哉？"

shí sì
十四

mèng zǐ yuē　　rén yán　　bù rú rén shēng zhī rù rén shēn
孟子曰："仁言，不如仁声之入人深

yě　　shàn zhèng　　bù rú shàn jiào zhī dé mín yě　　shàn zhèng mín
也。善政，不如善教之得民也。善政民

wèi zhī　　shàn jiào mín ài zhī　　shàn zhèng dé mín cái　　shàn jiào
畏之，善教民爱之；善政得民财，善教

dé mín xīn
得民心。"

① 庸：酬谢。

十五

shí wǔ

孟子曰："人之所不学而能者,其良能也;所不虑而知者,其良知也。孩提之童,无不知爱其亲者;及其长也,无不知敬其兄也。亲亲,仁也;敬长,义也。无他,达之天下也。"

十六

shí liù

孟子曰："舜之居深山之中,与木石居,与鹿豕游,其所以异于深山之野人者几希。及其闻一善言,见一善行,若决江河,沛然莫之能御也。"

shí qī
十七

mèng zǐ yuē wú wéi qí suǒ bù wéi wú yù qí
孟子曰："无为其所不为，无欲其

suǒ bú yù rú cǐ ér yǐ yǐ
所不欲，如此而已矣。"

shí bā
十八

mèng zǐ yuē rén zhī yǒu dé huì shù zhì zhě
孟子曰："人之有德、慧、术、知者，

héng cún hū chèn jí① dú gū chén niè zǐ② qí cāo xīn yě
恒存乎疢疾①。独孤臣孽子②，其操心也

wēi③ qí lù huàn yě shēn gù dá④
危③，其虑患也深，故达④。"

shí jiǔ
十九

mèng zǐ yuē yǒu shì jūn rén zhě shì shì jūn zé
孟子曰："有事君人者，事是君则

①疢疾：忧患。②孽子：庶子。③危：忧惧；不安。④达：通晓；明白。

为容悦者也。有安社稷臣者，以安社稷
为悦者也。有天民者，达可行于天下而
后行之者也。有大人者，正己而物正
者也。"

二十

孟子曰："君子有三乐，而王天下
不与存焉。父母俱存，兄弟无故①，一
乐也。仰不愧于天，俯不怍②于人，二
乐也。得天下英才而教育之，三乐也。
君子有三乐，而王天下不与存焉。"

---

①故：变故。②怍：羞愧。

èr shí yī
二十一

mèng zǐ yuē　　guǎng tǔ zhòng mín　　jūn zǐ yù zhī
孟 子 曰："广 土 众 民， 君 子 欲 之，

suǒ lè bù cún yān　　zhōng tiān xià ér lì　　dìng sì hǎi zhī mín
所 乐 不 存 焉。中 天 下 而 立， 定 四 海 之 民，

jūn zǐ lè zhī　　suǒ xìng bù cún yān　　jūn zǐ suǒ xìng　　suī
君 子 乐 之， 所 性 不 存 焉。君 子 所 性， 虽

dà xíng　　bù jiā yān　　suī qióng jū bù sǔn yān　　fèn dìng gù
大 行① 不 加 焉， 虽 穷 居 不 损 焉， 分 定 故

yě　　jūn zǐ suǒ xìng　　rén　　yì　　lǐ　　zhì gēn yú xīn
也。君 子 所 性， 仁、 义、 礼、 智 根 于 心。

qí shēng sè yě　　suì rán xiàn yú miàn　　àng② yú bèi　　shī③
其 生 色 也， 睟 然 见 于 面， 盎② 于 背， 施③

yú sì tǐ　　sì tǐ bù yán ér yù
于 四 体， 四 体 不 言 而 喻。"

èr shí èr
二十二

mèng zǐ yuē　　　　bó yí bì zhòu　　jū běi hǎi zhī bīn
孟 子 曰："伯 夷 辟 纣， 居 北 海 之 滨，

---

①大行：广为推行。②盎：充溢。③施：延及。

闻文王作兴，曰：'盍归乎来！吾闻西伯善养老者。'太公辟纣，居东海之滨，闻文王作兴，曰：'盍归乎来！吾闻西伯善养老者。'天下有善养老，则仁人以为己归矣。五亩之宅，树墙下以桑，匹妇蚕之，则老者足以衣帛矣。五母鸡，二母彘，无失其时，老者足以无失肉矣。百亩之田，匹夫耕之，八口之家足以无饥矣。所谓西伯善养老者，制其田里，教之树畜，导其妻子，使养其老。五十非帛不暖，七十非肉不饱。不暖不饱，谓之冻馁。文王之民，无冻馁之老者，此之谓也。"

二十三
èr shí sān

孟子曰：“易①其田畴，薄其税敛，
mèng zǐ yuē   yì   qí tián chóu   bó qí shuì liǎn

民可使富也。食之以时，用之以礼，财
mín kě shǐ fù yě   shí zhī yǐ shí   yòng zhī yǐ lǐ   cái

不可胜用也。民非水火不生活，昏暮
bù kě shèng yòng yě   mín fēi shuǐ huǒ bù shēng huó   hūn mù

叩人之门户求水火，无弗与者，至足矣。
kòu rén zhī mén hù qiú shuǐ huǒ   wú fú yǔ zhě   zhì zú yǐ

圣人治天下，使有菽粟如水火。菽粟如
shèng rén zhì tiān xià   shǐ yǒu shū sù rú shuǐ huǒ   shū sù rú

水火，而民焉有不仁者乎？”
shuǐ huǒ   ér mín yān yǒu bù rén zhě hū

二十四
èr shí sì

孟子曰：“孔子登东山②而小鲁，登
mèng zǐ yuē   kǒng zǐ dēng dōng shān   ér xiǎo lǔ   dēng

太山而小天下。故观于海者难为水，游
tài shān ér xiǎo tiān xià   gù guān yú hǎi zhě nán wéi shuǐ   yóu

①易：整治。②东山：鲁国东部的高山，即蒙山，古称“东蒙”“东山”。

于圣人之门者难为言。观水有术，必观其澜^①。日月有明，容光必照焉。流水之为物也，不盈科^②不行；君子之志于道也，不成章不达。"

二十五

孟子曰："鸡鸣而起，孳孳^③为善者，舜之徒也。鸡鸣而起，孳孳为利者，跖^④之徒也。欲知舜与跖之分，无他，利与善之间也。"

①澜：大波浪。②盈科：水充满坑坎。③孳孳：勤勉。④跖：春秋时有名的大盗。

275

二十六
èr shí liù

孟子曰："杨子①取为我，拔一毛而利天下，不为也。墨子兼爱，摩顶放踵利天下，为之。子莫②执中，执中为近之。执中无权，犹执一也。所恶执一者，为其贼道也，举一而废百也。"

二十七
èr shí qī

孟子曰："饥者甘食，渴者甘饮，是未得饮食之正也，饥渴害之也。岂惟口腹有饥渴之害？人心亦皆有害。人能

---

①杨子：即杨朱。②子莫：鲁国贤人。

无以饥渴之害为心害，则不及人不为

忧矣。"

二十八

孟子曰："柳下惠不以三公易其介①。"

二十九

孟子曰："有为者辟若掘井，掘井

九轫②而不及泉，犹为弃井也。"

①介：操守。②轫：同"仞"。一仞为八尺，或说七尺。

三十
sān shí

孟子曰："尧舜，性之也；汤武，身
之也；五霸，假之也。久假而不归，恶
知其非有也。"

三十一
sān shí yī

公孙丑曰："伊尹①曰：'予不狎②于
不顺。'放太甲于桐，民大悦。太甲贤，
又反之，民大悦。贤者之为人臣也，其
君不贤，则固可放与？"

孟子曰："有伊尹之志，则可；无伊

①伊尹：人名，商汤之臣，曾助商汤讨伐夏桀。②狎：亲近。

尹之志，则篡也。"

三十二

公孙丑曰："《诗》曰'不素餐兮'，君子之不耕而食，何也？"

孟子曰："君子居是国也，其君用之，则安富尊荣；其子弟从之，则孝弟忠信。'不素餐兮'，孰大于是？"

三十三

王子垫①问曰："士何事？"

孟子曰："尚志。"

---

① 王子垫：齐王之子，名垫。

曰："何谓尚志？"

曰："仁义而已矣。杀一无罪，非仁也；非其有而取之，非义也。居恶在？仁是也；路恶在？义是也。居仁由义，大人之事备矣。"

三十四

孟子曰："仲子，不义与之齐国而弗受，人皆信之，是舍箪食豆羹之义也。人莫大焉亡亲戚、君臣、上下。以其小者信其大者，奚可哉？"

sān shí wǔ

三十五

táo yìng wèn yuē shùn wéi tiān zǐ gāo yáo wéi shì

桃应①问曰："舜为天子，皋陶为士，

gǔ sǒu shā rén zé rú zhī hé

瞽瞍杀人，则如之何？"

mèng zǐ yuē zhí zhī ér yǐ yǐ

孟子曰："执之而已矣。"

rán zé shùn bú jìn yú

"然则舜不禁与？"

yuē fú shùn wū dé ér jìn zhī fú yǒu suǒ shòu zhī

曰："夫舜恶得而禁之？夫有所受之

yě

也。"

rán zé shùn rú zhī hé

"然则舜如之何？"

yuē shùn shì qì tiān xià yóu qì bì xǐ yě qiè

曰："舜视弃天下犹弃敝蹝②也。窃

fù ér táo zūn hǎi bīn ér chǔ zhōng shēn xīn rán lè

负而逃，遵海滨而处，终身䜣③然，乐

ér wàng tiān xià

而忘天下。"

①桃应：孟子弟子。②蹝：草鞋。③䜣：同"欣"。

sān shí liù
三十六

mèng zǐ zì fàn zhī qí wàng jiàn qí wáng zhī zǐ kuì
孟子自范①之齐，望见齐王之子。喟
rán tàn yuē jū yí qì yǎng yí tǐ dà zāi jū hū
然叹曰："居移气，养移体，大哉居乎！
fú fēi jìn rén zhī zǐ yú
夫非尽人之子与？"

mèng zǐ yuē wáng zǐ gōng shì chē mǎ yī fú duō
孟子曰："王子宫室、车马、衣服多
yǔ rén tóng ér wáng zǐ ruò bǐ zhě qí jū shǐ zhī rán yě
与人同，而王子若彼者，其居使之然也。
kuàng jū tiān xià zhī guǎng jū zhě hū lǔ jūn zhī sòng hū yú
况居天下之广居②者乎？鲁君之宋，呼于
dié zé zhī mén shǒu zhě yuē cǐ fēi wú jūn yě hé
垤泽之门③。守者曰：'此非吾君也，何
qí shēng zhī sì wǒ jūn yě cǐ wú tā jū xiāng sì
其声之似我君也？'此无他，居相似
yě
也。"

①范：齐国地名。②广居：广大的居处，此处指代"仁"。③垤泽之门：
宋国都城东南门。

三十七
sān shí qī

孟子曰："食而弗爱，豕交之也；爱
mèng zǐ yuē　　　sì ér fú ài　　shǐ jiāo zhī yě　　ài

而不敬，兽畜之也。恭敬者，币之未
ér bú jìng　　shòu xù zhī yě　　gōng jìng zhě　　bì zhī wèi

将①者也。恭敬而无实，君子不可虚
jiāng　　zhě yě　　gōng jìng ér wú shí　　jūn zǐ bù kě xū

拘。"
jū

三十八
sān shí bā

孟子曰："形色，天性也。惟圣人，
mèng zǐ yuē　　xíng sè　tiān xìng yě　　wéi shèng rén

然后可以践形②。"
rán hòu kě yǐ jiàn xíng

---

①将：送。②践形：体现人所天赋的品质。

sān shí jiǔ
三十九

qí xuān wáng yù duǎn sāng　　gōng sūn chǒu yuē　　　wéi jī①
齐宣王欲短丧。公孙丑曰："为期①

zhī sāng　　yóu yù yú yǐ hū
之丧，犹愈于已乎？"

　　mèng zǐ yuē　　　　shì yóu huò zhěn②　qí xiōng zhī bì
　孟子曰："是犹或纾②其兄之臂，

zǐ wèi zhī gū xú xú yún ěr　　yì③ jiào zhī xiào tì ér
子谓之姑徐徐云尔，亦③教之孝弟而

yǐ yǐ
已矣。"

　　wáng zǐ yǒu qí mǔ sǐ zhě　　qí fù wèi zhī qǐng shù yuè
　王子有其母死者，其傅为之请数月

zhī sāng　　gōng sūn chǒu yuē　　　ruò cǐ zhě　　hé rú yě
之丧。公孙丑曰："若此者，何如也？"

　　yuē　　　shì yù zhōng zhī ér bù kě dé yě　　suī jiā yī
　曰："是欲终之而不可得也。虽加一

rì yù yú yǐ　　wèi fú mò zhī jìn ér fú wéi zhě yě
日愈于已，谓夫莫之禁而弗为者也。"

---

①期：一年。②纾：扭，拧。③亦：只是。

四十
sì shí

孟子曰："君子之所以教者五：有
如时雨化之者，有成德者，有达财①
者，有答问者，有私淑艾②者。此五者，
君子之所以教也。"

四十一
sì shí yī

公孙丑曰："道则高矣，美矣，宜③
若登天然，似不可及也。何不使彼为可
几及而日孳孳也？"

孟子曰："大匠不为拙工改废绳墨，

---

①财：同"材"。②私淑艾：谓取人之善以自治其身。淑：通"叔"，拾取。
艾：治理。③宜：大概。

<ruby>羿<rt>yì</rt></ruby> <ruby>不<rt>bú</rt></ruby> <ruby>为<rt>wèi</rt></ruby> <ruby>拙<rt>zhuō</rt></ruby> <ruby>射<rt>shè</rt></ruby> <ruby>变<rt>biàn</rt></ruby> <ruby>其<rt>qí</rt></ruby> <ruby>彀<rt>gòu</rt></ruby> <ruby>率<rt>lǜ</rt></ruby>①。<ruby>君<rt>jūn</rt></ruby> <ruby>子<rt>zǐ</rt></ruby> <ruby>引<rt>yǐn</rt></ruby> <ruby>而<rt>ér</rt></ruby> <ruby>不<rt>bù</rt></ruby> <ruby>发<rt>fā</rt></ruby>，<ruby>跃<rt>yuè</rt></ruby> <ruby>如<rt>rú</rt></ruby> <ruby>也<rt>yě</rt></ruby>。<ruby>中<rt>zhōng</rt></ruby> <ruby>道<rt>dào</rt></ruby> <ruby>而<rt>ér</rt></ruby> <ruby>立<rt>lì</rt></ruby>，<ruby>能<rt>néng</rt></ruby> <ruby>者<rt>zhě</rt></ruby> <ruby>从<rt>cóng</rt></ruby> <ruby>之<rt>zhī</rt></ruby>。"

<ruby>四<rt>sì</rt></ruby> <ruby>十<rt>shí</rt></ruby> <ruby>二<rt>èr</rt></ruby>

<ruby>孟<rt>mèng</rt></ruby> <ruby>子<rt>zǐ</rt></ruby> <ruby>曰<rt>yuē</rt></ruby>："<ruby>天<rt>tiān</rt></ruby> <ruby>下<rt>xià</rt></ruby> <ruby>有<rt>yǒu</rt></ruby> <ruby>道<rt>dào</rt></ruby>，<ruby>以<rt>yǐ</rt></ruby> <ruby>道<rt>dào</rt></ruby> <ruby>殉<rt>xùn</rt></ruby>② <ruby>身<rt>shēn</rt></ruby>；<ruby>天<rt>tiān</rt></ruby> <ruby>下<rt>xià</rt></ruby> <ruby>无<rt>wú</rt></ruby> <ruby>道<rt>dào</rt></ruby>，<ruby>以<rt>yǐ</rt></ruby> <ruby>身<rt>shēn</rt></ruby> <ruby>殉<rt>xùn</rt></ruby> <ruby>道<rt>dào</rt></ruby>。<ruby>未<rt>wèi</rt></ruby> <ruby>闻<rt>wén</rt></ruby> <ruby>以<rt>yǐ</rt></ruby> <ruby>道<rt>dào</rt></ruby> <ruby>殉<rt>xùn</rt></ruby> <ruby>乎<rt>hū</rt></ruby> <ruby>人<rt>rén</rt></ruby> <ruby>者<rt>zhě</rt></ruby> <ruby>也<rt>yě</rt></ruby>。"

<ruby>四<rt>sì</rt></ruby> <ruby>十<rt>shí</rt></ruby> <ruby>三<rt>sān</rt></ruby>

<ruby>公<rt>gōng</rt></ruby> <ruby>都<rt>dū</rt></ruby> <ruby>子<rt>zǐ</rt></ruby> <ruby>曰<rt>yuē</rt></ruby>："<ruby>滕<rt>téng</rt></ruby> <ruby>更<rt>gēng</rt></ruby>③ <ruby>之<rt>zhī</rt></ruby> <ruby>在<rt>zài</rt></ruby> <ruby>门<rt>mén</rt></ruby> <ruby>也<rt>yě</rt></ruby>，<ruby>若<rt>ruò</rt></ruby> <ruby>在<rt>zài</rt></ruby> <ruby>所<rt>suǒ</rt></ruby> <ruby>礼<rt>lǐ</rt></ruby>，<ruby>而<rt>ér</rt></ruby> <ruby>不<rt>bù</rt></ruby> <ruby>答<rt>dá</rt></ruby>，<ruby>何<rt>hé</rt></ruby> <ruby>也<rt>yě</rt></ruby>？"

---

① 彀率：弓张开的标准。② 殉：从。③ 滕更：滕国国君的弟弟，曾向孟子问学。

孟 子 曰 ： " 挟 贵 而 问 ， 挟 贤 而 问 ， 挟 长 而 问 ， 挟 有 勋 劳 而 问 ， 挟 故 而 问 ， 皆 所 不 答 也 。 滕 更 有 二 焉 。 "

四 十 四

孟 子 曰 ： " 于 不 可 已 ① 而 已 者 ， 无 所 不 已 ； 于 所 厚 者 薄 ， 无 所 不 薄 也 。 其 进 锐 者 ， 其 退 速 。 "

四 十 五

孟 子 曰 ： " 君 子 之 于 物 也 ， 爱 之 而 弗 仁 ； 于 民 也 ， 仁 之 而 弗 亲 。 亲 亲 而 仁

① 已 ： 停 止 。

mín rén mín ér ài wù

民，仁民而爱物。"

sì shí liù

四十六

mèng zǐ yuē　　　zhì zhě wú bù zhī yě　　dāng wù zhī wéi

　孟子曰："知者无不知也，当务之为

jí　　rén zhě wú bú ài yě　　jí qīn xián zhī wéi wù　yáo

急；仁者无不爱也，急亲贤之为务。尧

shùn zhī zhì ér bú biàn wù　　jí xiān wù yě　　yáo shùn zhī rén

舜之知而不遍物，急先务也；尧舜之仁

bú biàn ài rén　　jí qīn xián yě　　bù néng sān nián zhī sāng

不遍爱人，急亲贤也。不能三年之丧，

ér sī xiǎo gōng　zhī chá　fàng fàn　liú chuò　　ér wèn wú

而缌小功①之察；放饭②流歠③，而问无

chǐ jué　　shì zhī wèi bù zhī wù

齿决④，是之谓不知务。"

　　①缌小功：丧服名。古代丧服分为斩衰、齐衰、大功、小功、缌麻五个等级，服丧期相应分为三年、一年、九个月、五个月、三个月五等。小功为五服之第四等。其服以熟麻布制成，服期五月。缌为五种丧服之最轻者，以细麻布为孝服，服丧三个月。②放饭：大口吃饭。③流歠：大口喝汤。④齿决：用牙齿啃断东西。

　　本部分共三十八章。围绕"仁"与"不仁"在现实世界中的不同表现，孟子对"仁"的内涵作了深入诠释，内容涉及民贵君轻，性命之分，独立人格，修养方法等。

　　本部分最后一章是对《孟子》全书的总结。孟子揭示了中国历史文化中一脉相承的尧、舜、禹、汤、文、武、周公、孔子的圣王之道，并借此表达了"承三圣"的个人抱负，将继承、发扬这一圣王之道视为自己的历史使命。

yī
一

孟子曰：“不仁哉，梁惠王也！仁者
以其所爱及其所不爱，不仁者以其所不
爱及其所爱。”

公孙丑问曰：“何谓也？”

“梁惠王以土地之故，糜烂其民而
战之，大败，将复之，恐不能胜，故驱
其所爱子弟以殉之，是之谓以其所不
爱及其所爱也。”

èr
二

孟子曰：“春秋无义战。彼善于此，
则有之矣。征者上伐下也，敌国不相

zhēng yě
征 也。"

sān

三

mèng zǐ yuē　jìn xìn shū　　zé bù rú wú shū
孟子曰："尽信《书》，则不如无《书》。
wú yú wǔ chéng　qǔ èr sān cè　ér yǐ yǐ　rén rén
吾于《武成》，取二三策①而已矣。仁人
wú dí yú tiān xià　yǐ zhì rén fá zhì bù rén　ér hé qí
无敌于天下，以至仁伐至不仁，而何其
xuè zhī liú chǔ　yě
血之流杵②也？"

sì

四

mèng zǐ yuē　　yǒu rén yuē　　wǒ shàn wéi zhèn　　wǒ
孟子曰："有人曰：'我善为陈③，我
shàn wéi zhàn　　dà zuì yě　guó jūn hào rén　tiān xià wú
善为战。'大罪也。国君好仁，天下无

①策：竹简。②杵：舂米的木棒。③陈：同"阵"。

敌焉。南面而征北狄怨；东面而征西夷怨，曰：'奚为后我？'武王之伐殷也，革车①三百两，虎贲三千人。王曰：'无畏！宁尔也，非敌百姓也。'若崩厥角②稽首。征之为言正也，各欲正己也，焉用战？"

五

孟子曰："梓匠轮舆能与人规矩，不能使人巧。"

---

①革车：兵车。②厥角：即"顿首"。

liù
六

孟子曰："舜之饭糗①茹草也，若将终身焉。及其为天子也，被袗衣②，鼓琴，二女果，若固有之。"

qī
七

孟子曰："吾今而后知杀人亲之重也：杀人之父，人亦杀其父；杀人之兄，人亦杀其兄。然则非自杀之也，一间③耳。"

---

①糗：干粮。②袗衣：绘绣有文采的华丽衣服。③间：间隔。

八
bā

mèng zǐ yuē　　gǔ zhī wéi guān yě　　jiāng yǐ yù bào
孟子曰："古之为关也，将以御暴；

jīn zhī wéi guān yě　　jiāng yǐ wéi bào
今之为关也，将以为暴。"

九
jiǔ

mèng zǐ yuē　　shēn bù xíng dào　　bù xíng yú qī zǐ
孟子曰："身不行道，不行于妻子①；

shǐ rén bù yǐ dào　　bù néng xíng yú qī zǐ
使人不以道，不能行于妻子。"

十
shí

mèng zǐ yuē　　zhōu yú lì zhě　　xiōng nián bù néng shā
孟子曰："周②于利者，凶年不能杀；

①妻子：妻子和儿女。②周：完备；充足。

zhōu yú dé zhě　xié shì bù néng luàn
周于德者，邪世不能乱。”

十一
shí yī

mèng zǐ yuē　　hào míng zhī rén　néng ràng qiān shèng zhī
孟子曰："好名之人，能让千乘之

guó　gǒu fēi qí rén　dān shí　dòu gēng xiàn yú sè
国；苟非其人，箪食、豆羹见于色。"

十二
shí èr

mèng zǐ yuē　　bú xìn rén xián　zé guó kōng xū
孟子曰："不信仁贤，则国空虚①。

wú lǐ yì　　zé shàng xià luàn　wú zhèng shì　zé cái yòng
无礼义，则上下乱。无政事，则财用

bù zú
不足。"

---

① 空虚：人才不足。

十三

shí sān

mèng zǐ yuē　　　　bù rén ér dé guó zhě　　　yǒu zhī yǐ
孟 子 曰 ："不 仁 而 得 国 者 ，有 之 矣 ；

bù rén ér dé tiān xià zhě　　　wèi zhī yǒu yě
不 仁 而 得 天 下 者 ，未 之 有 也 。"

十四

shí sì

mèng zǐ yuē　　　mín wéi guì　　　shè jì cì zhī　　jūn wéi
孟 子 曰 ："民 为 贵 ，社 稷 次 之 ，君 为

qīng　　shì gù dé hū qiū mín　　ér wéi tiān zǐ　　dé hū tiān zǐ
轻 。是 故 得 乎 丘 民 ① 而 为 天 子 ，得 乎 天 子

wéi zhū hóu　　dé hū zhū hóu wéi dà fū　　zhū hóu wēi shè jì
为 诸 侯 ，得 乎 诸 侯 为 大 夫 。诸 侯 危 社 稷 ，

zé biàn zhì　　xī shēng　jì chéng　　zī chéng jì jié　　jì sì
则 变 置 ② 。牺 牲 ③ 既 成 ，粢 盛 既 洁 ，祭 祀

yǐ shí　　rán ér hàn gān shuǐ yì　　zé biàn zhì shè jì
以 时 ，然 而 旱 干 水 溢 ，则 变 置 社 稷 。"

---

① 丘民：众民。② 变置：改立。③ 牺牲：供祭祀用的纯色牲畜。

十五
shí wǔ

孟子曰："圣人，百世之师也，伯夷、柳下惠是也。故闻伯夷之风者，顽①夫廉，懦夫有立志；闻柳下惠之风者，薄夫敦，鄙②夫宽。奋乎百世之上，百世之下，闻者莫不兴起也。非圣人而能若是乎，而况于亲炙③之者乎？"

十六
shí liù

孟子曰："仁也者，人也。合而言之，道也。"

---

①顽：贪婪。②鄙：狭隘。③亲炙：直接受到熏陶。

十七

shí qī

孟子曰："孔子之去鲁，曰：'迟迟吾行也。'去父母国之道也。去齐，接淅而行，去他国之道也。"

十八

shí bā

孟子曰："君子之厄于陈蔡之间，无上下之交也。"

十九

shí jiǔ

貉稽①曰："稽大不理②于口。"

①貉稽：人名。②理：顺。

孟子曰：“无伤也。士憎兹多口。《诗》云：‘忧心悄悄①，愠②于群小。’孔子也。‘肆不殄厥愠③，亦不殒厥问④。’文王也。”

二十

孟子曰：“贤者以其昭昭⑤，使人昭昭，今以其昏昏，使人昭昭。”

二十一

孟子谓高子曰：“山径⑥之蹊⑦间⑧，

①悄悄：忧伤貌。②愠：怨；怒。③肆不殄厥愠：肆，故，所以。殄，杜绝，消灭。厥，其，用作反身代词，指自己。④问：通“闻”，声誉。⑤昭昭：明白。⑥径：山岭。⑦蹊：小径。⑧间：偏僻的小路。

介然^①用之而成路。为间^②不用，则茅塞之矣。今茅塞子之心矣。"

二十二

高子曰："禹之声尚^③文王之声。"

孟子曰："何以言之？"

曰："以追蠡^④。"

曰："是奚足哉？城门之轨，两马之力与？"

---

① 介然：坚正不移。② 为间：一会儿。③ 尚：通"上"，超过。④ 追蠡：器物久磨将断的样子。

二十三

齐饥。陈臻曰："国人皆以夫子将复为发棠①，殆不可复。"

孟子曰："是为冯妇②也。晋人有冯妇者，善搏虎，卒为善士。则之野，有众逐虎。虎负隅③，莫之敢撄④。望见冯妇，趋而迎之。冯妇攘臂下车。众皆悦之，其为士者笑之。"

---

①发棠：在棠地开仓放粮。发，开仓发粮。棠，齐地名。②冯妇：人名。姓冯，名妇。③隅：山势曲折险峻的地方。④撄：接近。

二十四

èr shí sì

孟子曰："口之于味也，目之于色
也，耳之于声也，鼻之于臭也，四肢之
于安佚也，性也，有命焉，君子不谓性
也。仁之于父子也，义之于君臣也，礼
之于宾主也，智之于贤者也，圣人之于
天道也，命也，有性焉，君子不谓命也。"

二十五

èr shí wǔ

浩生不害①问曰："乐正子何人也？"
孟子曰："善人也，信人也。"

---

① 浩生不害：姓浩生，名不害，赵岐说是齐国人。

"何谓善？何谓信？"

曰："可欲之谓善，有诸己之谓信，充实之谓美，充实而有光辉之谓大，大而化之之谓圣，圣而不可知之之谓神。乐正子，二之中，四之下也。"

二十六

孟子曰："逃墨必归于杨，逃杨必归于儒。归，斯受之而已矣。今之与杨、墨辩者，如追放豚，既入其苙①，又从而招②之。"

---

①苙：猪圈。②招：通"羁"，用绳索束缚、缠绕。

èr shí qī

二十七

mèng zǐ yuē　　yǒu bù lǚ　zhī zhēng　　sù mǐ zhī
孟子曰："有布缕①之征，粟米之

zhēng　　lì yì zhī zhēng　　jūn zǐ yòng qí yī　huǎn qí èr
征，力役之征。君子用其一，缓其二。

yòng qí èr ér mín yǒu piǎo　yòng qí sān ér fù zǐ lí
用其二而民有殍，用其三而父子离。"

èr shí bā

二十八

mèng zǐ yuē　　　zhū hóu zhī bǎo sān　　tǔ dì　　rén mín
孟子曰："诸侯之宝三：土地，人民，

zhèng shì　　bǎo zhū yù zhě　yāng bì jí shēn
政事。宝珠玉者，殃必及身。"

①布缕：布与线。亦泛指织物。

èr shí jiǔ
二十九

盆成括^①仕于齐。孟子曰："死矣盆成括！"

盆成括见杀。门人问曰："夫子何以知其将见杀？"

曰："其为人也小有才，未闻君子之大道也，则足以杀其躯而已矣。"

sān shí
三十

孟子之滕，馆^②于上宫^③。有业屦^④于牖上，馆人求之弗得。或问之曰："若

---

①盆成括：赵岐说姓盆成，名括，曾经想跟孟子学习，未闻道而去。②馆：住馆舍。③上宫：楼馆。⑤业屦：没有编织好的草鞋。

是乎从者之廋也？"

曰："子以是为窃屦来与？"

曰："殆非也。夫子之设科也，往者不追，来者不距。苟以是心至，斯受之而已矣。"

三十一

孟子曰："人皆有所不忍，达之于其所忍，仁也；人皆有所不为，达之于其所为，义也。人能充无欲害人之心，而仁不可胜用也；人能充无穿逾之心，而义不可胜用也；人能充无受尔汝之实①，无所往而不为义也。士未可以言而

① 无受尔汝之实：指不愿受别人的轻贱，就要先有不受轻贱的言语行为。"尔""汝"是古代汉语中表示轻蔑感情色彩的人称代词。

言，是以言餂^①之也；可以言而不言，是以不言餂之也，是皆穿逾之类也。"

三十二

孟子曰："言近而指^②远者，善言也；守约而施博者，善道也。君子之言也，不下带^③而道存焉。君子之守，修其身而天下平。人病舍其田而芸人之田，所求于人者重，而所以自任者轻。"

三十三

孟子曰："尧、舜，性者也；汤、武，

①餂：取，诱取。②指：同"旨"，主旨。③不下带：比喻注意眼前常见之事。带，束腰之带。

反之也。动容周旋中礼者，盛德之至
也；哭死而哀，非为生者也；经①德不
回②，非以干禄也；言语必信，非以正
行也。君子行法，以俟命而已矣。"

三十四

孟子曰："说大人，则藐之，勿视其
巍巍然。堂高③数仞，榱题④数尺，我得
志弗为也；食前方丈⑤，侍妾数百人，
我得志弗为也；般乐饮酒，驱骋田猎，
后车千乘，我得志弗为也。在彼者，皆
我所不为也；在我者，皆古之制也，吾

①经：遵行。②回：违背。③堂高：指堂阶。④榱题：屋檐。⑤方丈：一丈见方。

hé wèi bǐ zāi

何畏彼哉？"

sān shí wǔ
三十五

mèng zǐ yuē　　　yǎng xīn mò shàn yú guǎ yù　　qí wéi

孟子曰："养心莫善于寡欲。其为

rén yě guǎ yù　　suī yǒu bù cún① yān zhě　guǎ yǐ　qí

人也寡欲，虽有不存①焉者，寡矣；其

wéi rén yě duō yù　　suī yǒu cún yān zhě　guǎ yǐ

为人也多欲，虽有存焉者，寡矣。"

sān shí liù
三十六

zēng xī shì yáng zǎo　er zēng zǐ bù rěn shí yáng zǎo

曾皙嗜羊枣，而曾子不忍食羊枣。

gōng sūn chǒu wèn yuē　　kuài zhì yǔ yáng zǎo shú měi

公孙丑问曰："脍炙与羊枣孰美？"

mèng zǐ yuē　　kuài zhì zāi

孟子曰："脍炙哉！"

gōng sūn chǒu yuē　　rán zé zēng zǐ hé wèi shí kuài zhì

公孙丑曰："然则曾子何为食脍炙

---

① 不存：丧失本心。

而不食羊枣？"

曰："脍炙所同也，羊枣所独也。讳①名不讳姓，姓所同也，名所独也。"

三十七

万章问曰："孔子在陈曰：'盍归乎来！吾党②之士狂简③，进取，不忘其初。'孔子在陈，何思鲁之狂士？"

孟子曰："孔子'不得中道而与之，必也狂狷④乎！狂者进取，狷者有所不为也'。孔子岂不欲中道哉？不可必得，故思其次也。"

①讳：指对尊长之名避开而不直称。②党：古代五家为邻，五邻为里，五百家为党。③狂简：志向高远而处事疏阔。④狂狷：志向高远与拘谨自守的人。

"敢问何如斯可谓狂矣？"

曰："如琴张、曾皙、牧皮者，孔子之所谓狂矣。"

"何以谓之狂也？"

曰："其志嘐嘐①然，曰'古之人，古之人'。夷②考其行而不掩焉者也。狂者又不可得，欲得不屑不洁之士而与之，是狷也，是又其次也。孔子曰：'过我门而不入我室，我不憾焉者，其惟乡原③乎！乡原，德之贼也。'"

曰："何如斯可谓之乡原矣？"

曰："'何以是嘐嘐也？言不顾行，行不顾言，则曰：'古之人，古之人。'''行

① 嘐嘐：形容志大而言夸。② 夷：发语词。③ 乡原：即"乡愿"，指乡里貌似谨厚而实与流俗合污的伪善者。

311

何为踽踽凉凉①？生斯世也，为斯世也，善斯可矣。'阉然②媚于世也者，是乡原也。"

万子曰："一乡皆称原人焉，无所往而不为原人，孔子以为德之贼，何哉？"

曰："非之无举也，刺之无刺也，同乎流俗，合乎污世，居之似忠信，行之似廉洁，众皆悦之，自以为是，而不可与入尧、舜之道，故曰'德之贼'也。孔子曰：'恶似而非者：恶莠，恐其乱苗也；恶佞，恐其乱义也；恶利口，恐其乱信也；恶郑声，恐其乱乐也；恶紫，恐

①踽踽凉凉：孤单冷清的样子。②阉然：曲意逢迎的样子。

其乱朱也；恶乡原，恐其乱德也。'君
子反经①而已矣。经正，则庶民兴；庶
民兴，斯无邪慝矣。"

三十八

孟子曰："由尧、舜至于汤，五百有
余岁，若禹、皋陶，则见而知之；若汤，
则闻而知之。由汤至于文王，五百有余
岁，若伊尹、莱朱②，则见而知之；若文
王，则闻而知之。由文王至于孔子，五
百有余岁，若太公望、散宜生③，则见
而知之；若孔子，则闻而知之。由孔子

---

①反经：恢复常道。②莱朱：一说名仲虺，商汤的贤臣，任左相。③散宜
生：姓散宜，名生，周文王的贤臣。

而来至于今，百有余岁，去圣人之世，
若此其未远也；近圣人之居，若此其
甚也，然而无有乎尔，则亦无有乎尔。"

参考文献

一、原典

[1]［东汉］赵岐注，［北宋］孙奭疏：《孟子注疏》，《十三经注疏》（清嘉庆刊本），中华书局，2009年。

[2]［南宋］朱熹撰：《孟子集注》，《四书章句集注》，中华书局，2012年。

[3]［清］焦循撰，沈文倬点校：《孟子正义》，中华书局，1987年。

[4]［清］戴震：《孟子字义疏证》，中华书局，2018年。

[5]杨伯峻译注：《孟子译注》，中华书局，2008年。

[6]梁涛解读：《孟子》，国家图书馆出版社，2017年。

[7]鲍鹏山、衣抚生编校：《〈孟子〉正音诵读本》，中国青年出版社，2019年。

[8]李景林：《孟子通释》，上海古籍出版社，2021年。

[9]邓秉元撰：《孟子章句讲疏》，上海人民出版社，2022年。

[10]黄怀信撰：《孟子新校释（附索引）》，上海古籍出版社，2022年。

二、专著

[1] 黄俊杰：《中国孟学诠释史论》，社会科学文献出版社，2004 年。

[2] 梁涛：《郭店楚简与思孟学派》，中国人民大学出版社，2008 年。

[3] 杨泽波：《孟子性善论研究》，上海人民出版社，2016 年。

[4] 陈来：《孔子·孟子·荀子：先秦儒学讲稿》，生活·读书·新知三联书店，2017 年。

[5] 杨泽波：《孟子与中国文化》，上海人民出版社，2017 年。

[6] 杨海文：《我善养吾浩然之气——孟子的世界》，齐鲁书社，2017 年。

[7] 杨国荣：《孟子的哲学思想》，华东师范大学出版社，2021 年。

[8] 杨海文：《文以载道：孟子文化精神研究》，中国社会科学出版社，2022 年。

[9] 方朝晖：《性善论新探》，清华大学出版社，2022 年。

[10] [美] 信广来著，吴宁译：《孟子与早期中国思想》，东方出版中心，2023 年。